イスラーム金融とは何か

国際通貨研究所
IIMA
(Institute for International Monetary Affairs)

小学館新書

中近東の主なイスラーム国家
（カッコ内は総人口／2021年）

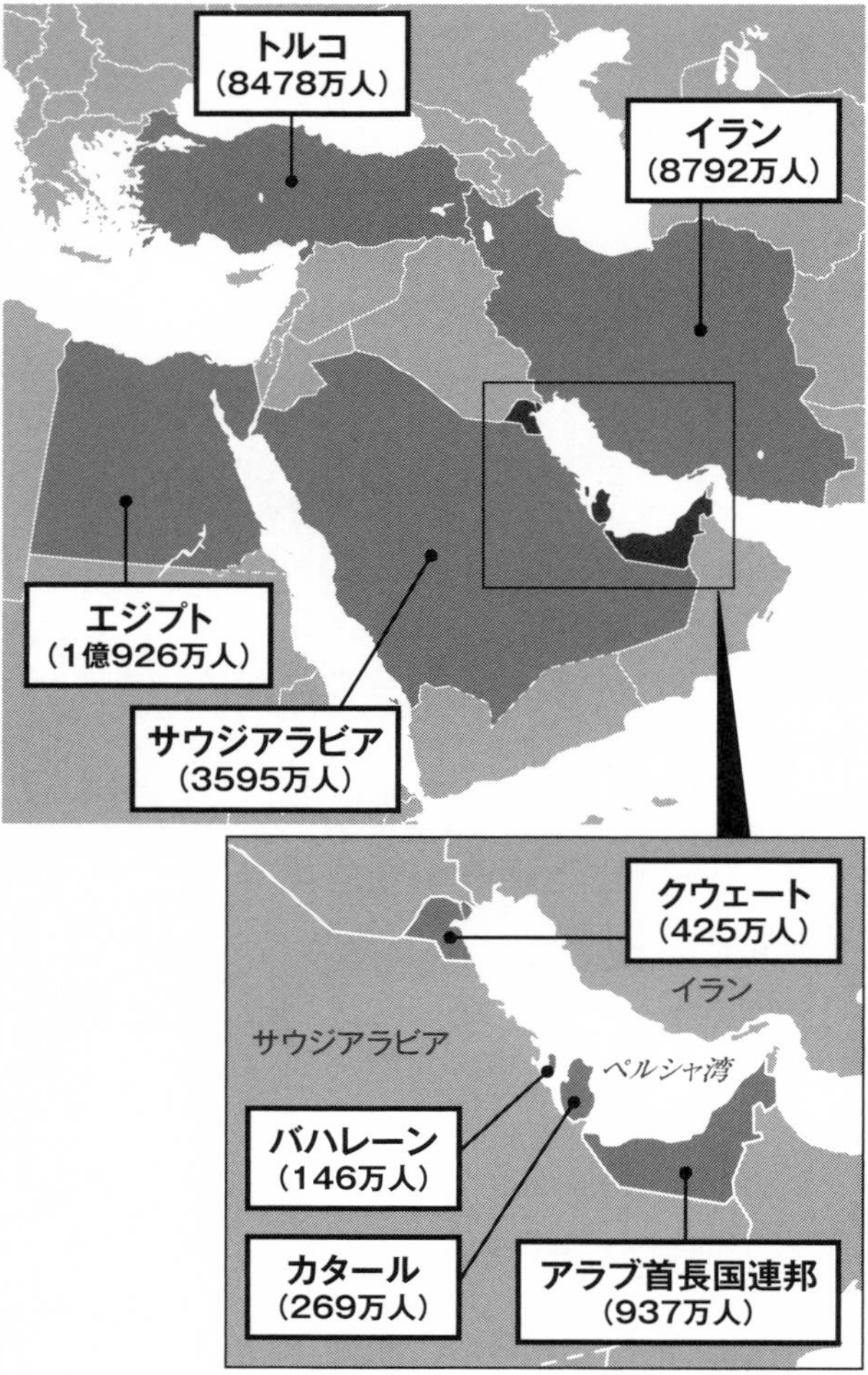

東南アジアと南アジアの主なイスラーム国家
（カッコ内は総人口／2021年）

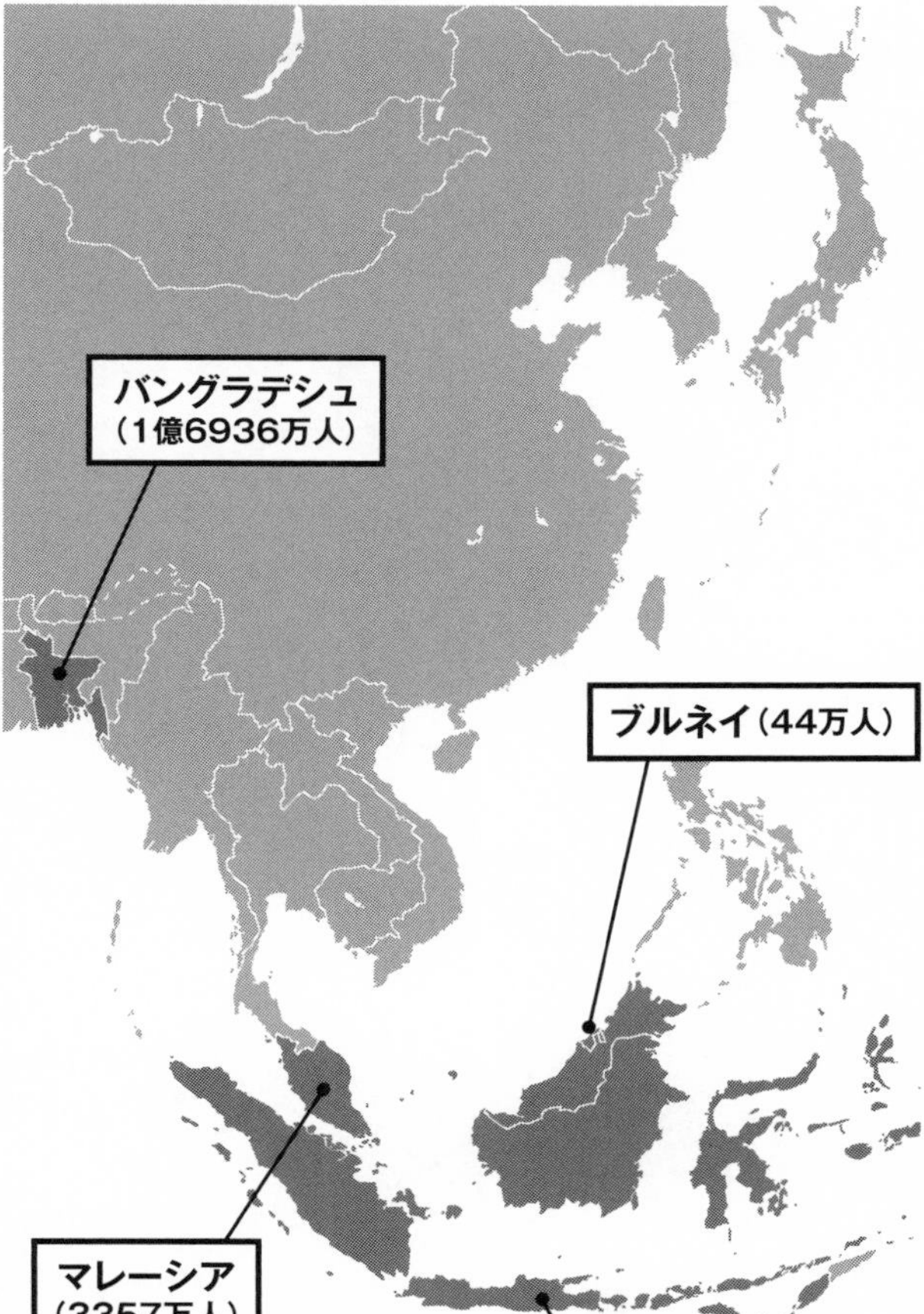

（出所）イスラーム協力機構（OIC）

はじめに

　われわれ日本人にとっていちばん身近なイスラームの国と言えば、インドネシアやマレーシアですが、これらの国では私たちがお酒を飲めたりして、比較的戒律が緩い。それに比べて、いま世界の話題の中心になっている中近東の方は戒律が厳しく、歴史的に見ても日本はそうした宗教としての「厳しいイスラーム」との接触を体験してこなかったのが現実です。それこそムハンマドの時代まで遡《さかのぼ》れば、日本はまだ古墳時代ですし、その後はわずかにシルクロードを通じた接触しかありませんでした。日本が初めて東南アジア以外のイスラームの人々と触れ合ったのはトルコだろうと思いますが、それも明治時代になってからの話です。中央アジアから中東、そして北アフリカにまで広がるイスラーム国との交流は、ほとんどありませんでした。

　そんな中で大きな転機となったのが、この中東地域に大量の石油が出たことでした。日本人にとっては、石油を通して中近東を見るという時代が20世紀の終わりくらいまで続いたと思います。石油収入がお金の動きを左右するようになったことで、本書のテーマである「金融」についての認識が徐々に浸透してきて、「オイルマネー」などという言葉もよく使われるようになりました。

1980年頃ですが、私は大蔵省（現財務省）の理財局で国債の発行を担当していて、サウジアラビアの通貨庁であるSAMA《サマ》と直接、国債の発行交渉などもしました。石油だけでなくお金もこの地域から引っ張ってきて、世界のマーケットで活かすことを考えなければならない時代になってきたわけです。

本書で詳しく解説しているように、イスラームの宗教的な戒律によって「金利」を始めさまざまな従来の金融概念が否定されて、国レベルの取引はともかく、個人の世界に金融を持ち込む時には、西欧の伝統的なルールとはまったく違うルールが必要になってきます。このギャップをどうするかという議論がクウェートやマレーシアを中心に始まったのが1990年代だったと記憶しています。

そうした流れにバハレーンやカタール、さらに非イスラームのシンガポールなども入ってきて、イスラーム金融のお金のプールが大きくなってくると、もはや「異端」として片付けられなくなってきます。とりわけ金融立国を旨としていたバハレーンはイスラーム金融の会計基準をつくることに熱心で、2010年以降には、イスラーム金融の概念が世界的なレベルで定着していきました。

ここでもう一つ見ておかなければならないのが、最近になってアメリカとサウジアラビアとの関係が変質してきたことです。

世界の金融をリードしてきたアメリカとイスラーム地域の盟主であるサウジアラビアは、エネルギー分野では買い手と売り手というウィンウィンの関係がずっと続いてきましたが、ここへきてアメリカは自国内でのシェールガスの増産などもあり、エネルギー産出量がサウジアラビアとほぼ同等になって、ライバル関係になってきました。そうなるとサウジアラビアが石油価格のコントロールなどで裏で手を握る相手は石油産出余力のあるロシアということになり、アメリカとサウジアラビアの関係がますます疎遠になりつつあります。

このことは当然、金融の世界にも反映されるわけで、それまでニューヨークのファイナンス市場一辺倒だった中近東の人々も、それ以外の市場に目を向けるようになって、イスラーム金融の世界が、定着するだけでなく少しずつ盛り上がってきているわけです。

通貨に関して言えば、加えてアメリカがイランやロシアへの経済制裁としてドルでの決済を禁止したりドル資産の差し押さえをするのを見て、「ドルに完全に依存するのは危ないよね」と感じる国が増えてきています。そんなところに中国が「元《げん》はいかがですか？」と言ってきています。当分の間は、ユーロも一つにまとまりきれない事情があって基軸通貨の地位は望めず、ドルが国際的取引の建値《たてね》として中心である状態は続きますが、世界のお金がニューヨークやロンドンとは別の市場に散らばり始めているのが現状だろうと思います。

2023年10月に勃発したイスラエルとハマス（パレスチナ過激派）の武力衝突ですが、そもそもの遠因は第1次世界大戦中にイギリス、フランス、ロシアの連合国の間で交わされた秘密協定、いわゆる「サイクス・ピコ協定」に遡ることができます。

これは大戦後のオスマン帝国の領土をそれぞれの列強が分割支配することを約したものでしたが、一方でイギリスが中東のアラブ国家独立を約束した協定、同じくイギリスがパレスチナにおけるユダヤ人居住地を明記した宣言とは相矛盾するものであることが後に判明し、イギリスの「三枚舌」外交として批判されています。

こうした領土をめぐる現代史の経緯を振り返るなら、いま中東で起きている悲劇的な事態が、これから本書で説明する「イスラーム」の世界観や宗教観、それをベースにした金融のあり方とはまったく別次元のものであることをご理解いただけると思います。まずはその点をお断りして本論に進みたいと思います。


本書は、2021年7月から2022年2月にかけて公益財団法人国際通貨研究所が事務局となって行なった「イスラーム金融研究会」に参加した方々を中心に、それぞれの分野の第一人者に執筆を依頼しました。以下、章立て順に各章の執筆者を紹介します。

九門康之《くもんやすゆき》、公益財団法人国際通貨研究所客員研究員。三菱UFJ銀行で長く中東地域に駐在、中東北アフリカ経済のスペシャリストです。

小川善弘《おがわよしひろ》、三菱UFJ銀行デジタルサービス企画部DX室調査役。2022年までMUFGバンク(マレーシア)に勤務。イスラーム金融業務資格保持者です。

長岡慎介《ながおかしんすけ》、京都大学大学院アジア・アフリカ地域研究研究科教授。イスラーム経済を専門とするイスラーム金融の第一人者です。

金子寿太郎《かねこじゅたろう》、白鴎《はくおう》大学法学部非常勤講師。日本の公的金融機関に勤務中。欧州・中東およびアジアの金融システムに関して著作が多数あります。

近藤重人《こんどうしげと》、一般財団法人 日本エネルギー経済研究所・中東研究センター主任研究員。中東湾岸諸国を専門とする気鋭の若手研究者です。

保坂修司《ほさかしゅうじ》、一般財団法人 日本エネルギー経済研究所理事・中東研究センターセンター長。日本中東学会会長でもあります。

2023年12月26日

公益財団法人 国際通貨研究所理事長

渡辺博史

（編集部注・本書で用いたアラビア語のカタカナ表記について）

以下のように、アラビア語の発音に近い表記としました。説明は『中東・オリエント文化事典』（丸善出版刊）や外務省表記によりました。


「イスラーム」：セム的一神教を構成する宗教を指す名称。「イスラム」とも表記される。

「クルアーン」：イスラームの聖典。「コーラン」とも表記される。

「カタール」：中東湾岸に所在する首長国。

「バハレーン」：中東湾岸に所在する王国。「バーレーン」とも表記される。

「シャリーア」：イスラームの法。

「タカーフル」：イスラーム金融における保険。

「ハラール」：イスラームで「許されている物」の意。

「マッカ」：サウジアラビア西部の都市。「メッカ」とも表記される。

「ラマダーン」：イスラームの断食月。「ラマダン」とも表記される。

イスラーム金融とは何か　目次

第1章

歴史と現状、そして取引の原則

公益財団法人 国際通貨研究所
客員研究員
九門康之

イスラーム金融は、イスラーム教のルールに従った金融手法です。1970年代のオイルブーム以降、本格的に拡大し、その後も緩やかな成長を続けています。世界の金融資産全体に占める比率は、現状では1・2％と小さいものの、その独自の金融手法のために、これからの持続可能な金融のあり方として活用の可能性が指摘されているのです。

この章では、世界におけるイスラームパワーについて概観し、イスラーム金融の歴史を振り返った上で、現状について説明し、最後にその特徴について解説します。

世界を動かすイスラームの人々

いま世界の中で、イスラーム諸国の存在感が高まりつつあります。イスラーム諸国とは、イスラーム教を国教もしくは主たる宗教とする国々のことで、世界196か国のうち57か国を占めています。[1] 人口は着々と増加しており、2022年末の段階でイスラーム諸国の人口は約20億人。世界人口に占める比率は26％に達しています（25ページ図表）。つまり、世界を見渡すと4人に1人がイスラーム教徒であるという勘定になるのです。

さらに人口増加率で見ると、イスラーム諸国のパワーは明らかです。2022年の年間人口増加率を見ると、世界全体が0・4％であったのに対し、イスラーム諸国は1・7％の伸び率を記録しています。先進諸国が人口減少に悩む中で、イスラーム諸国の人口は着実に増加しており、人の波が押し寄せつつあるといっても過言ではありません。

それでは、経済の実力を示す国内総生産（GDP）の面から比較してみましょう。

2022年の名目GDPを見ると、世界のGDP合計が100兆ドル強であったのに対しイスラーム諸国のGDPは約10兆ドル。10％前後ですから、人口に比べると存在感はやや小さいように見えます。しかし、2002年の時点では同じ比率は約5％でしたから、この20年間で倍になっています。ここからもイスラーム経済圏が大きく躍進していることがわかります。

イスラーム教は、アラビア半島西部、現在のサウジアラビアを発祥地とし、7世紀に成立しました。中東から生まれたユダヤ教、キリスト教と同じく一神教です。

日本では、イスラーム諸国やその背景にあるイスラーム教に触れる機会は多くはありません。そのため、世界で大きくなりつつあるイスラーム諸国の存在を肌感覚で認識することはなかなか難しいのが現状です。書物による知識や伝聞によるものが中心になるため、誤解されている面も少なからずあります。

その一例がラマダーン月（断食月）です。これはイスラーム教徒の重要な宗教行事の一つで、ラマダーン月には日中（日の出から日の入りまで）飲食が禁止されます。そこから日本人の多くが「ラマダーン月は厳しいもの」と理解しているのではないでしょうか。ところが、現地で生活してみると、ラマダーン月は1年でもっとも楽しい月であることがわかります。じっさいは日没後の食事とその後の家族や友人との団らん、さらには深夜まで営業している商店街での買い物など、1年に1回ハメをはずすことが許される月なのです。

ルールそのものは厳格ですが、じっさいの生活は活気にあふれているのです。

イスラーム金融についても同じことが言えます。後で解説する「金利の禁止」などのルールのみに注目すると、従来の金融システムに親しんだ日本人には理解しにくい金融手法のように映りますが、その背景にある精神を知れば、イスラーム金融に対する見え方も変わってくるでしょう。例えば、取引の実態を重視する点や、貸し手と借り手がお互いに収益と損失をシェアする点など、そこには金融が暴走することを抑制する知恵が含まれてい

イスラーム諸国の世界人口に占める比率

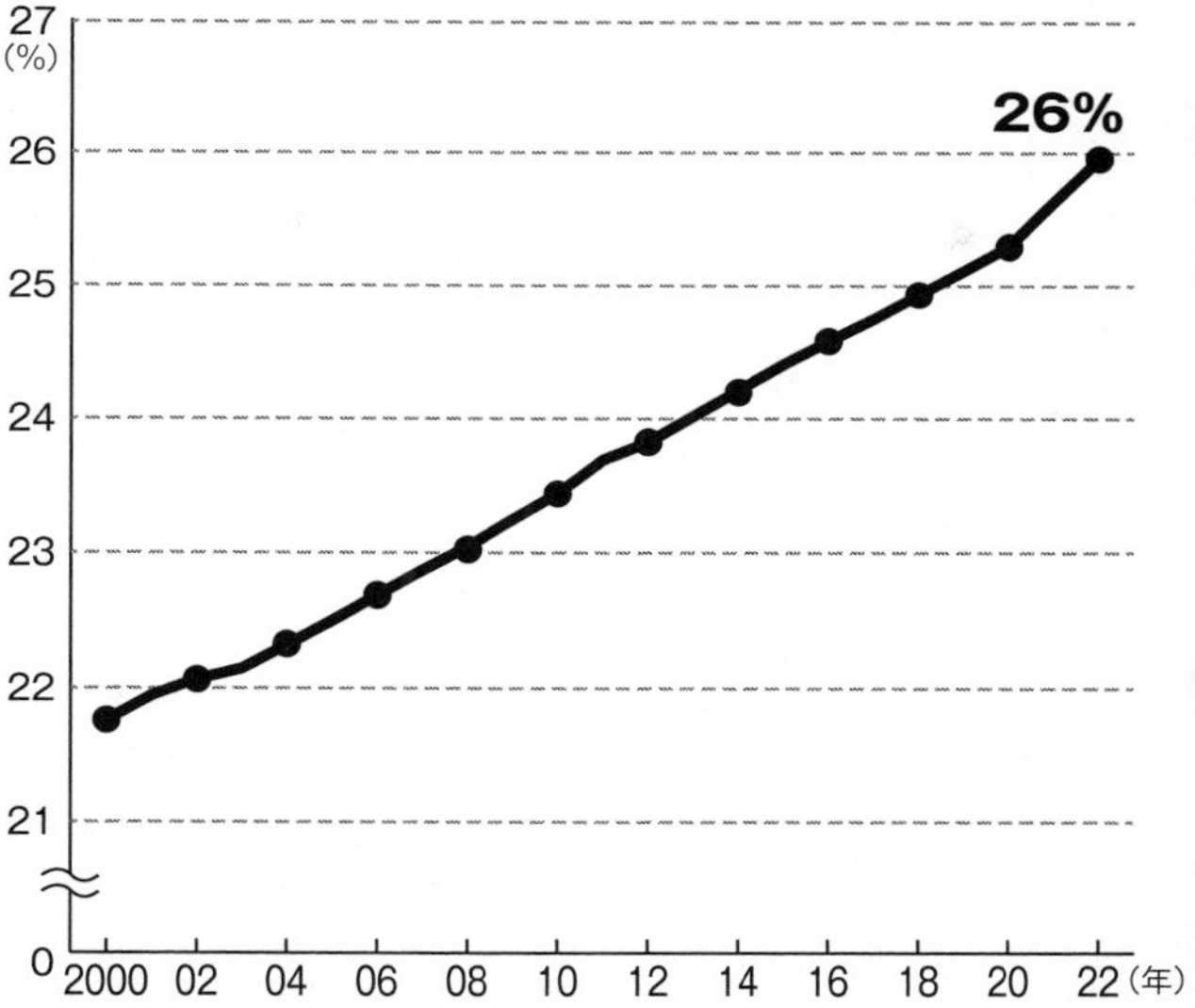

イスラーム協力機構（OIC）、国際通貨基金（IMF）データより作成

るのです。

イスラーム諸国は着実に成長しており、その経済は拡大しつつあります。日本が世界を相手にビジネスを展開し、海外からの旅行者を円滑に受け入れるためにはイスラーム諸国とその国を動かしているイスラーム経済について知ることが欠かせません。海外との接点が不可欠のこれからの国際ビジネスにとっては、イスラーム経済の中核とも言えるイスラーム金融について理解することが、きわめて重要な時代になっているのです。

金融の歴史

イスラーム教の黎明期《れいめい》である7世紀に、イスラーム金融の源流をたどることができます。預言者ムハンマドが活動していたマッカ地域[2]では交易が盛んでした。交易には商品を買い付けるための資金が必要だったため、余剰資金を持っている者は交易者に資金を融通して買い付けを手伝い、商品の売却によって得た利益を両者で分け合っていました。じつは預言者ムハンマド自身も、第三者から資金を調達して交易に従事していたのです。

個人レベルで行なわれていた資金融通は、その後、カリフ（ムハンマドの代理人または後継者として国家を統率した）に率いられたイスラーム教団国家において組織化されていきました。

第二代カリフのウマルは、公的金融機関である「バイト・アル・マール」[3]を通じて傘下の商人に商用資金を融通していたと言われます。これが現代のイスラーム金融につながる組織的な動きの始まりです。融資する資金の使い途は、交易や商業にとどまらず、手工業、農業に係わるもの、結婚資金など身の回りで必要なお金の融通まで幅広いものでした。

民間の金融機関として資金の仲介を業とするものは「サッラーフ」[4]と呼ばれました。

8世紀、イスラーム教団国家はカリフが支配するアッバース朝[5]へと発展していきました。この時期になると、サッラーフたちは現代の金融機関と同様の資金の仲介と決済機能を持つようになっていました。離れた場所への資金の移動に小切手（サック）を用いたり、資金決済の手段として信用状（ハワラ）を利用し始めたのもこの時期です。取り扱う資金の規模も徐々に大きくなっていきます。

10世紀頃になると、アッバース朝によって地域経済が安定し、サッラーフは欧州地域を含むイスラーム帝国以外とも資金取引を行なうようになりました。

16世紀半ば、オスマン帝国の時代に、イスラーム金融はさらに発展を遂げます。

そこで資金源として注目されたのが「ワクフ」(これについては章末のコラムで詳しく解説します)と呼ばれる制度です。ワクフはイスラーム法に基づく資産取り扱い制度で、イスラーム教徒が資産を自分の死後も将来にわたり保全するために管理者を決めて公共財として維持するものです。

オスマン帝国においては、現金であってもワクフ制度の対象資産とする「現金ワクフ(キャッシュ・ワクフ)」が登場します。現金ワクフの管理者は、保有する現金をイスラーム金融の手法によって事業者に融通しました。つまり、当時すでにこの現金ワクフが一種のイスラーム銀行としての機能を備えていたと言えるわけです。

ところで、イスラーム圏が西欧の金融に接触するのは、19世紀に入ってからです。

オスマン帝国から分離して成立したエジプトの「ムハンマド・アリー朝」は、国家を近代化するため留学生などからなる使節団をフランスに派遣しました。そして当時、フランスではすでに銀行が貿易金融や送金などの資金決済、預金と融資を通じた資金仲介業などの金融業務を行なっていました。

一方、当時のエジプトでは、資金保有者が農民に種の購入資金や、農機具や労働力を確保するための資金を貸し出し、収穫物を売却した資金によって元本の返済と利益の配分を受けるという、短期の農業ファイナンスを行なっていました。そうした資金の流れでイスラーム金融を利用することが検討されたのです。

この頃の資料によれば、あるチュニジア人学者も、イタリアでの銀行の活動について報告しています。イタリアの銀行は、預金に対して低い金利を支払い、融資に対しては高い金利を適用して利鞘《りざや》を儲けとしていると、報告されています。

19世紀後半には、英国のバークレイズ銀行がカイロに支店を開設しますが、これに対してイスラーム学者の間から金利を用いた金融業に非難の声が上がります。銀行が金利を使って儲けていることへの反発です。その後しばらくの間、エジプトでは欧米の銀行の勢力が圧倒的で、イスラーム方式の銀行が設立されたのは20世紀になってからです。

1963年、エジプトのナイルデルタのほぼ中央に位置するミト・ガムルにイスラーム金融をベースとした「ミト・ガムル貯蓄銀行（Mit Ghamr Savings Bank）」が創業します。

しかし当時のエジプトはナセル政権が社会主義色を強めており、イスラーム色の強いミト・ガムル貯蓄銀行は庶民に期待されつつも1967年に活動停止を余儀なくされます。

それから4年後の1971年、エジプト政府は金利の概念を排除した銀行として「ナセル社会銀行」[6]を設立しました。現在、エジプト国内に70余りの支店を展開し、イスラーム金融やザカートの取り扱いを行なっています。

銀行の発展

イスラーム金融の手法を採用するイスラーム銀行が本格的に設立されるのは、1970年代にオイルマネーが急速に拡大して以降です。その中心となるのが1975年に設立された「イスラーム開発銀行（IsDB、Islamic Development Bank、本店はサウジアラビアのジェッダ）」です。IsDBは、イスラーム方式で運営する国際金融機関で、国際通貨基金（IMF）をモデルにしています。出資国は57か国。出資比率は、サウジアラビアの23・5%を筆頭に、リビア9・43%、イラン8・25%、ナイジェリア7・66%、アラブ首長国連邦（UAE）7・51%、カタール7・18%、エジプト7・07%と続きます。アジアからは、インドネシア2・5%と、マレーシア1・63%が出資。このほか、アフリカや中央アジアのイスラーム諸国も出資しており、出資上位国は湾岸産油国で占められています。

支援の対象となる案件は、農業、社会インフラ、教育、厚生関係が全体の約85%を占めており、エネルギーなどは10%程度と少ないのが特徴です。支援の実施地域は、中東・北アフリカ、アジア、アフリカがそれぞれ3分の1前後でバランスしています。サウジアラビアのIsDB本店には、出資各国出身の職員が勤務しており、行ってみればイスラーム諸国の多様性を感じることでしょう。言語は、英語、フランス語も使われていますが、やはりアラビア語が中心です。

近代のイスラーム銀行は、国際機関であるイスラーム開発銀行を除けば、1970年代以降のオイルブームで商業が発達した国や都市で発達しました。民間初のイスラーム銀行は、1975年に開業した「ドバイ・イスラミック・バンク(Dubai Islamic Bank、本店はUAEのドバイ)」です。

創業者のサイード・ビン・アフマド・アル・ルータ(Saeed Bin Ahmed AL-Lootah)は、

1956年にSSルータ・グループを設立し、建設、貿易、医療、エネルギーなど幅広い分野に進出。アラブ首長国連邦でのコントラクター（ビジネス請負企業）の先駆けであるといわれます。1975年に金融ビジネスに進出して以降は、実業と金融の両方の分野で活動し、ドバイ・イスラミック・バンクを、資産規模で世界第二位のイスラーム銀行に育てあげました。[7] アラブ首長国連邦のほか、トルコ、パキスタン、インドネシアなどイスラーム圏を中心に業務を展開。財務内容が安定していることからMoody's（ムーディーズ。格付け機関）からA3（安定的）の格付けを得ています。[8] 株主は中東系投資会社などで、純粋な民間銀行です。

1977年、クウェートはイスラーム銀行「クウェート・ファイナンス・ハウス（Kuwait Finance House、本店クウェート市）」を設立しました。本店があるクウェートのほか、サウジアラビア、バハレーン、トルコ、マレーシア、さらにドイツにも営業拠点を展開しています。Moody'sはA2（安定的）の格付けを付与しており、[9] 主要株主はクウェート投資庁（KIA）、クウェート社会保険機構（PISSK）、クウェート政府などで、政府色が強いのが特徴です。

バハレーンでも、1979年に「バハレーン・イスラミック・バンク（Bahrain Islamic

イスラーム開発銀行本店

Bank、本店マナーマ)」が創業しています。民間資本も参入していますが政府系が中心で、現在は「ナショナル・バンク・オブ・バハレーン（National Bank of Bahrain)」が筆頭株主です。格付けは付与されていません。

中東湾岸の経済の中心は、1970年代がクウェート、1980年代がバハレーン、ドバイは1990年代以降と、時代とともに中心地域を変えてきています。

1970年代から1980年代にかけて、クウェート政府の資金運用機関であるクウェート投資庁が世界の金融市場に投資しました。1980年代は、バハレーンが中東の金融中心地として、世界の金融機関を引き寄せました。日本も主要な銀行、金融機関がバハレーンに拠点を置き、中東産油国の資金を預金などのかたちで集めました。1990年の湾岸戦争を境に、徐々に金融の中心はドバイに移動し、現在の姿に近づいてきました。

その後、2000年代前半の原油価格上昇が中東全体の富の拡大を生み、ドバイは金融のみならず不動産など投資資金の受け皿として大きく発展しつつあります。

金融の現状

イスラーム金融を担っているイスラーム銀行の資産規模は拡大が続いています。活動地域は中東諸国[10]とアジア諸国[11]が中心で、アフリカを含むイスラーム圏にも広がっているのが現状です。

(1)イスラーム銀行の形態

イスラーム銀行には2つの形態があります。1つは、イスラーム金融のみを業務とする「イスラーム金融専業銀行」です。専業銀行では、預金の受け入れや資金の運用はすべてイスラーム金融方式を用います。

これに対し、欧米の銀行がイスラーム金融部門を設置する場合、「ウインドウ方式のイスラーム銀行」と呼び、イスラーム金融専業銀行と区別します。日系銀行の海外支店がイスラーム金融を行なう例がありますが、これはウインドウ方式です。ウインドウ方式を採用する銀行は、イスラーム金融業務の資金が通常の銀行業務の資金と混在しないよう、資金の流れを分離して管理します。なお、金利の概念を用いないイスラーム方式に対して、金利を用いる欧米銀行の金融方式を「コンベンショナル方式」と呼ぶ場合があります。

(2) イスラーム銀行の資産規模と地域分布

2013年、イスラーム銀行の総資産額は約1兆ドルでした。その後、2014年〜2015年の原油価格低迷期を経て、2020年以降のコロナ禍の拡大中も毎年増加を続け、2021年には約2兆ドルに達しました（37ページ図表）。このことからも、経済環境の変化にかかわらずイスラーム金融が支持されてきたことがわかります。地域別では、中東諸国が圧倒的に大きく、アジア諸国の約4倍の規模になっています。中東諸国は石油などエネルギーの輸出を主な外貨獲得手段としていますが、原油価格の低迷がイスラーム金融の拡大に影響しなかった点は、きわめて興味深いところです。

イスラーム銀行の数もコンスタントに増加を続けており、2013年には246行であったものが2021年にはほぼ倍増しています。中でも2019年以降にアジアでイスラーム銀行数の急増が見られます。アジアでのイスラーム銀行数急増は、金融の小口化に伴い、小規模なイスラーム銀行が増加したことが理由と考えられます。

国別の銀行資産では、サウジアラビアにおけるイスラーム銀行がもっとも大きく、続いてイランで、両国とも5億ドルを超えています。アジアでは、マレーシアとバングラデシュの資産が大きく、また1人当たり資産では、人口が少なく資産が大きいカタールやバハレーンが突出しています。

カタールでは、エネルギー輸出で得た資金の一部がイスラーム銀行に滞留していることが明らかです。バハレーンは、エネルギー輸出は少ないですが相対的にイスラーム金融資産が大きく、これはバハレーンがかつて中東の金融の中心で、サウジアラビアへの架け橋であった時代の機能がいまも生きているためと思われます。[12]

イスラーム銀行の総資産と銀行数

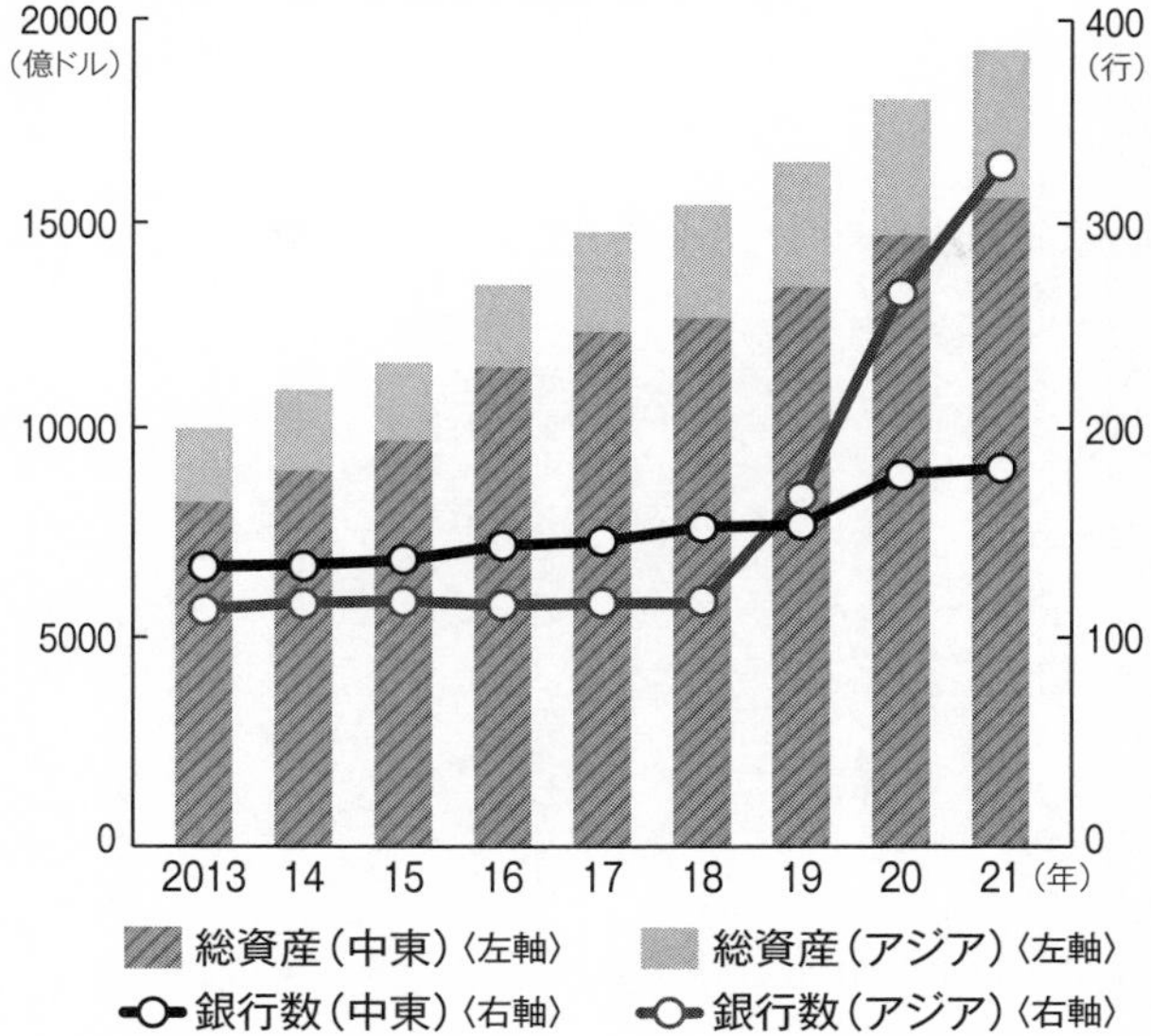

イスラーム協力機構（OIC）データより作成

人口が多い国は、経済発展に伴い金融資産が増加する可能性が高く、インドネシアやバングラデシュなどがこれにあたります。両国政府は、国民の生活を安定させ、経済政策の実効性を高めるため、国民の銀行利用を勧めています。イスラーム教が主な宗教である両国では、イスラーム銀行がその役割を担っていくものと思われます。

(3)イスラーム銀行の各国事情

イスラーム銀行が活動している主な地域は中東とアジアです。中東では、湾岸産油国を中心に、イランやトルコを含む広い地域でイスラーム銀行の活動が見られます。アジアについては、マレーシア、インドネシア、バングラデシュが主な活動地域です（41ページおよび45ページ図表）。

サウジアラビア

イスラーム金融専業銀行と、欧米方式の銀行にイスラーム金融部門を設置したウインドウ方式の銀行の両方が併存しています。この国の銀行資産全体に占めるイスラーム銀行の資産比率は約70％と高く、これはサウジアラビアがイスラーム教の中心であることと深く関係しています。法律で定められてはいませんが、サウジアラビア国内にはできればイスラーム銀行と取引したいというニーズがあるのです。また、イスラーム銀行が富裕層の資産運用を行なっていることも、金額を押し上げる要因になっています。

イラン

イラン政府は、すべての銀行はイスラーム金融方式であると規定しているため、この国に欧米方式の銀行は存在しません。同様の国としては、北アフリカのスーダンがあります。

アラブ首長国連邦（UAE）

サウジアラビアと同様に、イスラーム金融専業銀行とウインドウ方式の銀行が併存しています。もっとも古い民間のイスラーム銀行である「ドバイ・イスラミック・バンク」（前述）は、ドバイに本店を置いています。同国の銀行資産全体に占めるイスラーム金融の比率は、約20％とやや低いのが現状です。これには、ウインドウ方式の銀行が相対的に少ないことや、「ファースト・アブダビ・バンク（ＦＡＢ）」などこの国の主要銀行が金利を用いる欧米方式を採用しているという背景があります。世界の主要銀行はドバイに支店を置いていますが、主流は欧米方式です。

カタール、クウェート

カタールではイスラーム方式と欧米方式の銀行が併存していますが、ウインドウ方式を採用して両方の業務を行なっている銀行はありません。一つの銀行がイスラーム方式と欧米方式で兼業することはないという解釈をしているためと思われます。

同様のアプローチはクウェートでも見られ、ウインドウ方式による兼業のイスラーム銀行は見られません。カタールやクウェートはイスラーム金融のルールをより厳格に適用している例と考えられます。

バハレーン

１９８０年代、中東における金融の中心として世界の金融機関がこの国に拠点を設置し

イスラーム銀行資産上位国（2021年）

	イスラーム銀行資産（百万ドル）	人口（人）	1人当たりのイスラーム銀行資産（ドル）
サウジアラビア	531,228	35,950,396	14,777
イラン	504,013	87,923,432	5,732
マレーシア	233,471	33,573,874	6,954
アラブ首長国連邦	160,748	9,365,145	17,164
カタール	139,404	2,688,235	51,857
バハレーン	70,138	1,463,265	47,933
バングラデシュ	54,801	169,356,251	324
トルコ	53,818	84,775,404	635
インドネシア	41,730	273,753,191	152
モロッコ	34,245	37,076,584	924

OICデータより作成。イスラーム銀行の各国事情

ました。その後、ドバイの台頭により金融の中心はドバイに移りましたが、バハレーン政府は産業政策の一つとしてイスラーム金融を育成してきました。その結果、人口150万人弱の小国でありながら、1人当たりのイスラーム銀行資産は、エネルギー輸出国のカタールに次ぐ大きさになっています。イスラーム金融をベースとした富裕層向けの資産運用を得意としており、大口金融のドバイに対し、よりプライベートな金融サービスを提供しているところから、個人資産運用が盛んなスイスのジュネーブと比較されることも多いようです。

マレーシア

初期の近代イスラーム金融の例として、マレーシアの「巡礼基金（Tabung Haji）」が有名です。この基金は1963年に設立され、サウジアラビアのマッカへの巡礼資金の積み立てや金利を用いない投資案件を提供しました。この基金は現在もマレーシア政府が運営しています。

マレーシアはアジアでもっともイスラーム金融が盛んな国です。イスラーム銀行の資産はアジア最大で、1人当たりのイスラーム銀行資産も約7000ドルと大きく、イスラーム金融専業銀行とウインドウ方式のイスラーム銀行がともに活動を展開しています。日系銀行のほか、域外の銀行がイスラーム金融拠点をここに置いているのもマレーシアの特徴です。マレーシア政府は、イスラーム金融で世界のハブになるという目標を掲げてイスラーム金融機関を誘致し、制度の整備を進めています。

バングラデシュ

アジアではマレーシアやインドネシアと並んでイスラーム金融が盛んな国です。イスラーム銀行の資産規模はマレーシアの4分の1程度と小ぶりですが、銀行数は200行を超えていて他を圧倒しています。小口金融の多いことが特徴で、人口は1億人を超えていることから発展の潜在性が期待されています。イスラーム金融専業銀行に対しウインドウ方式の銀行が多いのも特徴です。

インドネシア

3億人近い人口の約8割がイスラーム教徒で、世界でもっともイスラーム教徒が多い国です。政府は、イスラーム金融育成を経済施策の一つとしており、今後の発展が期待されています。2021年には、国営銀行「バンク・シャリーア・インドネシア」が、国営3銀行のイスラーム金融部門を合併して発足しています。イスラーム銀行は専業とウインドウ方式が併存しており、総数は30行を超えています。

イスラーム金融の判断基準と原則

イスラーム金融は、私たちが通常使っている金融とどこが違うのでしょうか。ここでは、まず銀行が融資に至るまでに行なう判断の基準を比較しながら説明します。次にイスラーム金融特有の取引原則について、具体的な例を示して解説します。

(1)銀行が融資取引に至るまでの判断基準

私たちが通常利用している銀行の融資についておさらいしておきます。

イスラーム銀行の資産が銀行資産全体に占める比率

100%	イラン、スーダン
50〜99%	サウジアラビア、ブルネイ
15〜49%	クウェート、マレーシア、カタール、アラブ首長国連邦、バングラデシュ、ジプチ、ヨルダン、パレスチナ、バハレーン

Islamic Financial Services Board (IFSB) データより作成

銀行は一定の法的枠組みや規制の中で営業しており、金融当局や中央銀行は金融機関の活動が法的枠組みや規制から逸脱していないかを監督しています。銀行は、この枠組みの中で次のような項目に判断基準を設けて、融資取引の可否を決定します。まず借入人（個人または法人）の信用力と担保の内容を検討します。返済能力に関する検討です。次に融資先や融資の内容などが法律や規制に反していないかを検討します。さらにその案件の収益性、つまり融資取引として妥当な収益の水準を満たしているかを検討します。これらの点をクリアしていれば、基本的に融資取引が可能となるわけです。

一方、イスラーム金融の場合はどうでしょうか。イスラーム銀行も借入人の信用力と担保について吟味し、法律や規制を遵守《じゅんしゅ》し、妥当な収益性が期待できる融資かどうかという観点から検討を行ないます。ここで大きく違う点は、これらの条件に加えてイスラーム法の視点から検討が加えられることです。

私が以前に執筆した『中東・オリエント文化事典』（丸善出版刊）から引用します。

「以下が判断基準である。①イスラーム法で許容された取引対象であること。アルコール・豚肉の売買や、賭博関連取引は禁止。②リバー（利子）の要素がないこと。③契約にガラル（不確実性）の要素がないこと。④実在している資産や、実際に行われるサービスを対象としていること。並びに、取引から得られる利益を受け取る者が、当該資産またはサービスにおいて事業リスクを負担していること、である。」

イスラーム金融の取引では、信用、法律、収益に加え、イスラーム教の視点でのチェックが加わるのです。このイスラーム教の視点からのチェックの中で、アルコールや豚肉関連の取引や、金利の使用が排除される点はわかりやすいでしょう。しかし、「不確実性」の排除や「資産やサービスが実在していること」「利益を得る者が事業リスクを負担していること」が前提となることはあまり知られていません。

これらの基準を適用すると、「投機」のように不確実な取引や「敵対的買収」といった実現しない可能性がある取引への融資は、必然的に排除されるのです。借入人の信用力や十分な担保があって違法でない取引であれば融資を行なう欧米の銀行とは、基本的な取り組み姿勢が異なっている点が重要なポイントです。

また後述するように、融資取引の仕組みに必ず「物」が組み込まれるため、融資先が破綻した場合の債権保全がより確実になるという利点もあります。結果として、イスラーム金融は一般的な融資よりも判断が慎重で、より不良債権が発生しにくい仕組みになっていると言えるのです。

ここで、断っておかなければならない点があります。それは、イスラーム金融はイスラーム教徒のためだけのものではない、という点です。イスラーム教徒でなくてもイスラーム金融を利用できますし、当然のことですが利用したからといってイスラーム教に改宗する義務もありません。また逆に、イスラーム教徒であっても金利を伴う欧米の銀行取引を利用しており、イスラーム教徒が金利を利用した取引をすることに対する罰則はありません。イスラーム金融は、誰かにその利用を強制するものではなく、金融のオプションの一つとして存在しているのです。

(2)取引の原則

イスラーム金融の取引では、具体的にどのように資金のやり取りをしているのでしょうか。金利を用いないことに加え、取引の仕組み自体にイスラーム金融特有の取引原則があります。「融資」の取引を例に説明します。

①具体的な商取引の存在が融資の前提となる（商取引原則）

最初の原則は、商取引原則です。イスラーム金融を利用するためには、背景に具体的な商取引があることが必須条件です。資金の使い途を特定しない借り入れはできません。また、イスラーム銀行は商取引の当事者の1人となります。イスラーム銀行自身が商取引の当事者となることで、商取引がじっさいに行なわれることを銀行が確かめる仕組みとなっているわけです。銀行が商取引の当事者となる点は、イスラーム教が成立した7世紀当時、銀行に相当する金融の提供者も商取引の一員として活動していたという伝統を引き継いでいるものと思われます。

このような原則は、現代の金融の感覚からすると、銀行の利用者に不便を強いるものかもしれません。融資を申し込む段階で、資金を使う商取引が確定していなければならないわけですから、計画段階で融資を受けることができないことになります。また商品を買い取る量が未定の場合も、融資を受けることが難しくなります。あるいはまた株の売買など迅速な取引が求められる場合も、イスラーム銀行が追加的な取引当事者として加わるため対応がより難しくなります。

しかしながら、この仕組みは、不確実な取引を排除し、投機による経済混乱などマイナスの要素をあらかじめ回避することに役立っているのです。

この点について、短期の金融手法である「ムラーバハ取引」の例で説明します。

買い手Aがイスラーム銀行から融資を受けて、売り手Bから商品を買う場合。まず、売り手Bが商品をイスラーム銀行に売り、Bは代金をイスラーム銀行から受け取る。次に、イスラーム銀行は商品をAに渡す。Aは融資の期限に、商品代金に一定のマージン（利益配分）を上乗せしてイスラーム銀行に支払う（次ページ概念図）。

ムラーバハ取引（短期金融）の仕組み

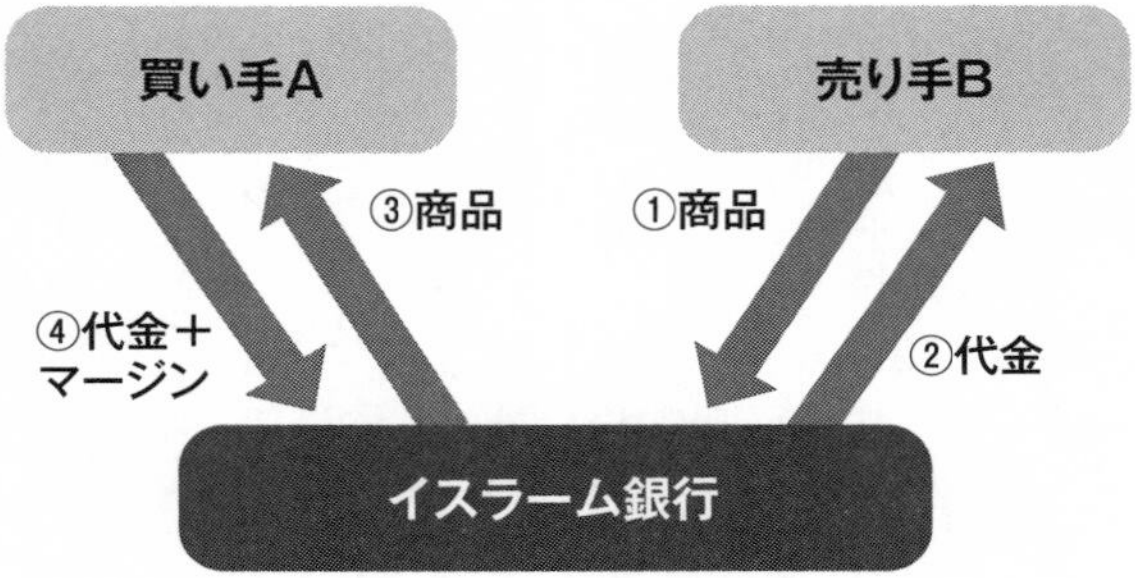

②イスラーム銀行と事業者が利益・損失をシェア（共有）する（リスクシェア原則）

欧米の銀行取引では、銀行が利益や損失を融資先とシェアすることは通常ありません。銀行が融資した資金で借り入れた人が事業を起こした場合、事業が成功したか否かにかかわらず、その人は借り入れた額を期限までに銀行に返済しなければなりません。借入人が融資の継続を希望した場合には継続できるかもしれませんが、無制限に継続するということはあり得ません。また、銀行が事業の損失を一部でも負担するという考え方もありません。銀行からお金を借りた人が事業に失敗して返済が困難になった場合、その融資は不良債権とみなされます。銀行は、不良債権に対して一定の

ムダーラバ取引（長期金融）の仕組み

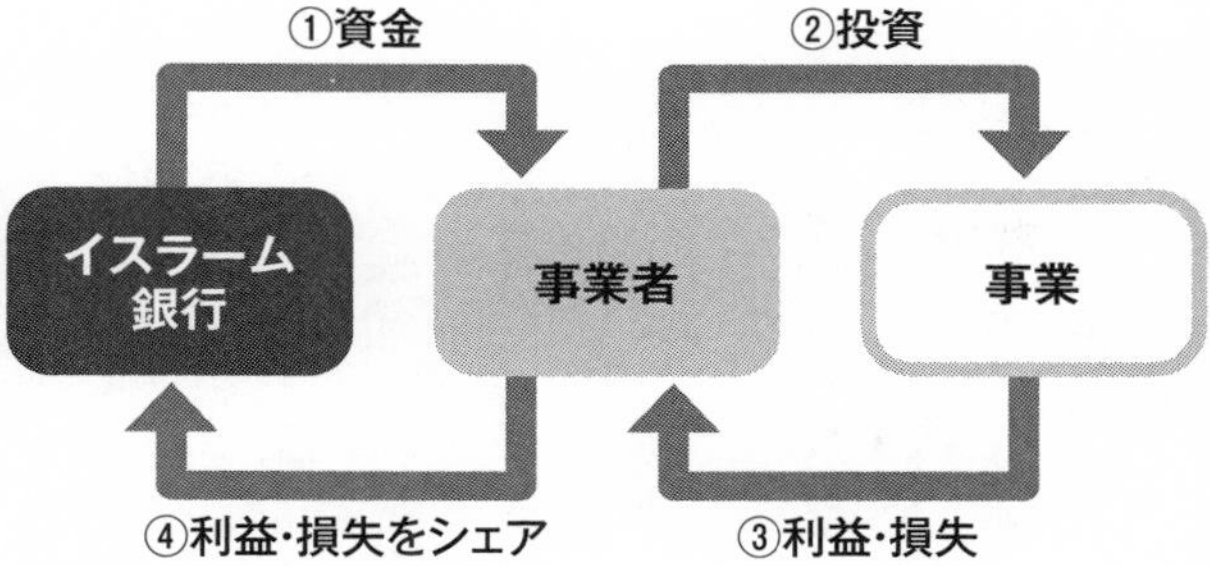

貸倒引当金を計上し、損失の発生に備えると同時に、借りた人に対してはあくまでも資金の返済を求めます。融資への返済請求を放棄することは、法律に基づいて債務救済が行なわれるような場合を別とすれば、ありません。

さて他方、イスラーム金融の場合はどうでしょうか。

イスラーム銀行は事業の当事者（投資家）として融資に参画するという原則があります。長期の金融手法である「ムダーラバ取引」では、イスラーム銀行と事業者が利益・損失の発生リスクをシェアします。例えば、事業者がイスラーム銀行から事業資金を借り、事業に投資する取引では、事業が成功して利益が出た場合、イスラーム銀行と事業者は一定割合で利益を分け合います。逆に、事業が失敗して損失が出た場合でも、双方で損失を負担し合います（前ページ概念図）。

ムダーラバ取引では、投資資金に元本の保証はありません。ただし、これはあくまで考え方を説明するモデルですから、詳細な条件は案件ごとで異なります。それにしても、イスラーム銀行は事業者と同じ立場で事業に係わるという点が、欧米方式の銀行と大きく異なっており、興味深いところです。

これからの金融への示唆

ここまでの説明で、イスラーム金融がどのような存在であるのかを大まかにご理解いただけたでしょうか。

イスラーム銀行は融資の際に、より多くの制限や原則を設けているため、利用者に不自由を強いているように見えるかもしれません。これらの制限はイスラーム法に従うために設けられたものであり、仕組みはそのためにつくられたものです。しかし、そこから導かれる結果は欧米の金融機関が今後、検証し参考にすべき内容を含んでいるように思われます。

(1) 低い不良債権比率

イスラーム銀行では、不良資産の比率が欧米の銀行に比べて低いという報告があります。欧米方式の銀行は、融資（貸出）の返済や金利の支払いが滞ると、その貸出を「回収に不安がある貸出資産（「不良債権」）」として分類管理します。不良債権の多寡（不良資産比率）はその金融機関の貸出資産の質を表すものですから、不良債権が少ないほど貸出資産の質がよいということになります。その考え方に基づけば、イスラーム銀行は同じ経済環境で営業した場合、欧米方式の銀行よりも貸出資産の質がよいわけです。

そうした差が生まれる理由は、融資案件の収益性を、銀行が調達する金利と融資する金利の差としてではなく、銀行が自ら参加する事業として吟味するからではないかと言われます。融資の当事者となり、手間をかけることで融資の質が保たれているのです。

(2) 経営健全化

イスラーム銀行は、案件に対する吟味が厳しいことから、経営の暴走が抑制されているとも言われます。通常、銀行の資産が拡大すると、それにつれて不良債権比率も上昇するのですが、イスラーム銀行に関してはその関係が見られないという報告があります。経済的な利益の観点からだけで経営を行なうと、利益の拡大が経営者の最大の関心事となり、そこから無理な融資などが生まれる可能性があります。イスラーム金融の仕組みは、そうした経営の行き過ぎを未然に防いでいると言えるでしょう。

(3)システミックリスクへの耐性

他方、イスラーム金融は、経済全体が一方向に傾いた際に同じ方向に流されてしまうリスク、いわゆる「システミックリスク」に対する耐性は弱いという指摘があります。これは、イスラーム銀行の取引対象がイスラーム教徒に集中していて分散が進んでいないことや、融資が事業性の資金に集中しているため、経済全体で景気が減速すると融資そのものが減少するためだとも言われています。

イスラーム金融、あるいはイスラーム銀行は通常、日本では目に触れる機会がありませんが、中東やアジアのイスラーム諸国では一般的に利用されています。そのユニークな取引のあり方は、欧米方式にない金融の可能性を示唆《しさ》しているように思います。これからのビジネス社会をグローバルに俯瞰《ふかん》する時、イスラーム金融の広がりに注目し、その実情を知っておくことが求められるのではないでしょうか。

コラム1

利益配分にまつわる逸話

7世紀、預言者ムハンマドの後継者であるカリフがイスラーム帝国を指導していた時代の話です。

イラク南部の都市バスラの首長が、地元の商人に元手となるお金を与えて、次のように命じました。イラクで陶器を仕入れて、それをサウジアラビアの都市マディーナで売り、元手をカリフであるウマルに渡すように、と。その時、売って得た利益は商人が受け取ってよいと付け加えました。

さて、商人は無事に陶器をマディーナに運び、売ることができたので、元手の資金をウマルに差し出しましたが、ウマルは「利益も差し出すように」と命じました。商人が困っていると、彼の息子が「商品を無事にマディーナに運んで元手を回収し、利益を出したのは私たちです」と述べたのです。これを聞いたカリフのウマルは、一連の交易取引において、資金があるものは元手を出し、商人は商品を仕入れて運搬し売却するノウハウをもって利益を生み出す、という資金の出し手と商人とのパートナー関係に気が付いたというのです。そこで、ウマルは利益を両者が折半することに合意しました。

イスラームの社会には、過去からの言い伝えを尊重する伝統があります。イスラーム法に基づいて判断する際の基準を「法源《ほうげん》」といいますが、第1法源の『クルアーン』（アッラーの神の言葉をアラビア語で綴《つづ》った聖典）に次いで重要視される第2法源は、ムハンマドの言行録『スンナ』です。スンナは「ハディース」（言行録集）という形で後世に伝えられ、法判断の根拠の一つとされます。

過去の出来事は、それぞれが個別のエピソードですが、時代が下る間に判断基準の要素へと高められ、時代を超えた精神として伝えられています。これらは「時代が違うから」と軽々に扱うことができない、極めて重要なものなのです。

コラム2

「ワクフ」について

ワクフとはアラビア語で「停止」を意味し、イスラーム法においては財産の寄付全般を指します。ワクフはイスラーム教徒が私財を保全する目的で行なうものです。具体的には「なんらかの収益を生む私財の所有者が、そこから得られる収益をある特定の慈善目的（モスクや学校の運営など）に永久に充《あ》てるため、私財の所有権を放棄するイスラーム法上の行為」と定義されています。私財をワクフの対象として寄進すると、私財が保全されることに加えて寄進後も私財を利用できたのです。また、資産が税の対象から除外されたことも、ワクフが広がる背景となったようです。ワクフ実施の目的は慈善事業だけでなく一般事業にも拡大し、対象となる私財も土地や建物だけでなく、現金も含まれるようになりました。

農地に占めるワクフ資産の比率

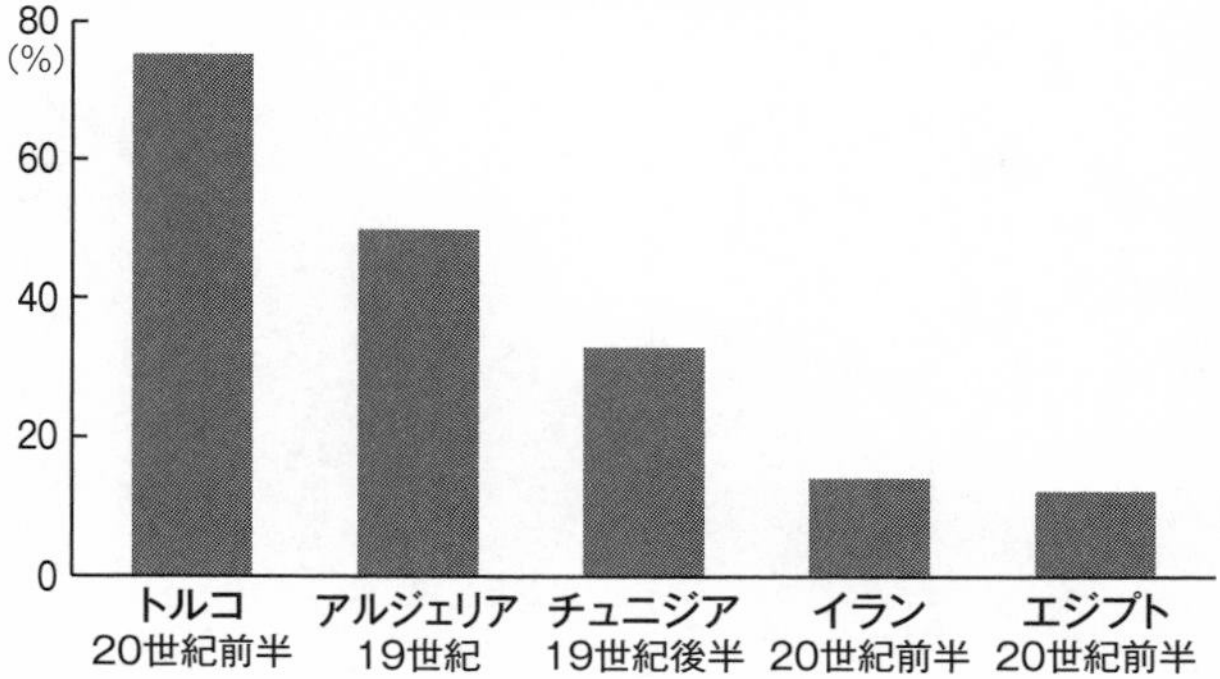

Kuran（2001）の資料より作成

ワクフの広がりは、中世のイスラーム経済を支えました。モスクなどの宗教施設だけでなく、学校、農地、商店、市場、工場などありとあらゆるものがワクフの対象となったため、宗教的熱意から始まったワクフ制度は、個人の財産を守って将来に残す、あるいはまた税金や支配者による没収から逃れるという機能を果たすようになったのです。

ワクフの拡大は、国民経済に繁栄をもたらした一方で、本来は税収として国庫に入るべき資金がワクフの収入として非課税となるという、国の財政にとってはマイナスの要素がありました。そのため19世紀になると、欧州経済の影響を受けた中東・北アフリカ地域の政府は、国庫への歳入を確保するためワクフが運営する資産を国有化したり、ワクフの運営を政府の管理下に置くようになり、ワクフの独立した活動は衰退していきました。その後、それまでワクフが提供していた学校や病院などの公共施設は、政府が提供するかたちに変化していったのです。

---

1 2023年3月現在のイスラーム協力機構加盟国数。
2 サウジアラビアのマッカ地方。
3 政府が運営する国営銀行に相当する。アラビア語で「資金の家」の意。
4 アラビア語で「両替商、金銭支払い人」の意。
5 749〜1258年。首都はバグダッド。
6 イスラーム教の喜捨。
7 2021年時点。『The Asian Banker』による。
8 2022年4月以降。
9 2022年11月以降。

10　サウジアラビア、アラブ首長国連邦（ＵＡＥ）、カタール、バハレーン、オマーンの湾岸協力理事会（ＧＣＣ）に、イラン、トルコなどを加えた諸国を指す。

11　ＡＳＥＡＮ諸国に、バングラディシュ、パキスタンを加えた諸国を指す。

12　バハレーンには、現在もサウジアラビアなど産油国の富裕層を顧客とする金融機関が多く、一部はイスラーム金融を専業としている。

参考文献

Abdul Azim Islahi（2018）,"History of Islamic Banking and Finance"

Timur Kuran（2001）,"The Provision of Public Goods under Islamic Law", Law & Society Review, Vol. 35, No. 4

Haroon Ur Rasheed, Danish A. Siddiqui（2019）,"A Comparative Analysis of Non-Performing Financing in Islamic and Conventional Banks in Pakistan", SSRN

長岡慎介（2011）『現代イスラーム金融論』（名古屋大学出版会刊）

第2章

アジアにおける金融の現場から

三菱UFJ銀行デジタルサービス企画部
DX室調査役
小川善弘

宗教と金融の交差点

「宗教と金融」というと、相容れない異質な世界の組み合わせを感じます。「金融」は、高層ビルが立ち並ぶビジネスの中心地、ビルの上層階にあるガラスで仕切られたトレーディングルーム、ビジネスーツにワイシャツのトレーダーたちが何枚ものスクリーンに映された世界経済の動向と対峙《たいじ》し、ゼロコンマ1秒を争う世界。一方「宗教」は、都会の喧《けん》騒《そう》から離れ静かにたたずむ寺院や神社、教会やモスク、荘厳で静寂な空気に包まれた建造物、清潔な身なりをした僧侶や信者たちが日々人間を超えた存在と向き合い、心の平和と安定を見つける世界。

そうした、おおよそ程遠い二つの世界が交差する領域、それがイスラーム金融です。宗教と金融の交差点に立つと、いったいどういう風景が見えるのでしょうか。この章では、アジア、とくにマレーシアにおいて筆者が垣間見たイスラーム金融の現場をご案内します。

(1)イスラーム銀行の重役会議室にて

マレーシアの首都クアラルンプール市街を見下ろす高層ビルの35階に、とあるイスラーム銀行の重役会議室があります。会議室は重厚な雰囲気を演出する調度品に囲まれていますが、よく見るとどれも簡素で、軽妙な東南アジアの空気を感じさせます。

熱帯の日差しが厳しいある日、若手行員がこの会議室で会議の準備を行なっています。冷房がガンガンに効いた会議室、半円形に並べられた机には100枚綴《つづ》りにもなる分厚いバインダーが置かれています。資料は細かい英文で埋まり、ときどきアラビア文字が混じっています。

しばらくして会議室に入ってきたのは、頭に白いターバンを巻き長いあご髭《ひげ》を蓄えた白装束の男性、ソンコックと呼ばれる黒い帽子を被《かぶ》ったスーツ姿の男性、エメラルドグリーンのシルク生地でつくられたマレーの民族衣装に身を包んだ女性たちです。男性3人、女性2人の5人、うち男性2人は一見してマレーシア人とは異なる彫りの深いアラブ系の顔立ちです。ビジネスパーソンのいでたちとは少々異なる5人が、この日の会議の中心人物であることがわかります。5人のゲストは丁重に、しかしどことなくフレンドリーに行員たちに迎え入れられます。ドバイからのフライトにまつわるエピソードやジョークが混じり、和やかな雰囲気が流れます。

開始時刻を少し過ぎて、5人のゲストと20名ほどの行員が集まったその日の会議は厳かなアラビア語の朗誦《ろうしょう》から始まります。行員の朗唱役が『クルアーン（コーラン）』の一節を暗唱すると、会議の出席者は小声で復唱します。所作は決まっておらず、目をつぶるだけの者もいれば、手の平を胸の前で上向きに広げるなどフリースタイルですが、静粛と緊張を感じさせる始まりです。

最初の議題の発言者は、個人向け金融を担当する若手行員です。普段はポロシャツ、サンダルのリラックスムードで出社する彼も、この日は慣れないネクタイとジャケットに、少しくたびれた革靴を履き、緊張気味です。

彼の担当する議題は「クレジットカード」です。クレジットカードに一律に設定されている利用可能店舗の制限を解除したいが、イスラーム法（シャリーア）上、問題ないか確認したいというものでした。そのイスラーム銀行が発行するクレジットカードは、アルコールを扱う酒店やバーが業種コードで識別され、予《あらかじ》め利用可能店舗から除外されていました。しかし、業種コードはホテルがバーと登録されるなど誤登録も多く、カード利用者から、アルコールと関係のない支払いでも支払拒否に遭うので不便だと銀行宛にクレームが来ていました。

担当者は案件概要を説明し、イスラーム法上の解釈を付け加えます。それに対して、メンバーからは流暢《りゅうちょう》な英語で鋭い質問が重なります。担当者は額に汗を浮かべながら質問に答えます。こうした問答が重ねられたのちに採決となり、申し込み時の規約が守られるならば、銀行が業種コードの制限を解除しても利用者に対して銀行がイスラーム法違反を促すことにはならないので、本件は適法であるという結論がまとめられました。この結論は議事録として文章化され、次回の委員会で報告されます。

(2)シャリーア・コミッティ

右の場面は「シャリーア・コミッティ」という、イスラーム法を専門とする法学者などで構成され、イスラーム法に照らして業務の適格性を審査するためにイスラーム銀行が設置した社内委員会の一場面です。イスラーム銀行ではこうした委員会がおよそ月に1回の頻度で年に10回、20回と重ねられ、金融業務におけるイスラーム法上の解釈や判断が積み上がっていきます。銀行員によってビジネスやファイナンスが議論される金融の空間に、集まる顔ぶれも話される言葉も宗教の世界が入り交じり、普段とは異なる現場がありました。

筆者は、在籍する邦銀からマレーシアの大手イスラーム銀行に派遣され、約3年間勤務する機会を得ました。その間に出席したシャリーア・コミッティでは、行員とイスラームに精通した社外有識者との間でイスラームの理念や原理が議論され、イスラーム金融の新たな商品やサービスが承認され、将来が創造される、まさに宗教と金融が交差する「現場」を象徴する場所として機能していました。

それではアジア、とくにマレーシアにおいて、イスラーム金融が埋め込まれている社会とはどのような風景なのかをまずは見てみましょう。

イスラーム金融が埋め込まれた社会

(1)なぜマレーシアなのか?

宗教と金融が交差するイスラーム金融の現場を見る上で、マレーシアに注目することはじつは大きな意味があります。マレーシアでは国家の強力な育成方針のもとイスラーム金融が発展しており、国内の預金残高や貸出残高の4割がイスラーム方式となっています。経済成長とともに成長してきた通常の金融とイスラーム金融が共存した、アジアのみならず中東諸国やアフリカのイスラーム圏の国々にとってもお手本となるような金融モデルが生まれているのです。

マレーシアは西のインド洋から東の太平洋に抜ける東南アジアの結節点に位置し、経済的には1人当たりGDPが先進国の基準である1万ドルを超え、東南アジア諸国連合（ASEAN）域内では都市国家のシンガポール、ブルネイに次ぐ第3位と「豊かな国」の一員となりつつあります。

マレーシアの人口年齢中央値（Median age）は30・4歳と日本の48・7歳より18歳も若く、経済成長に伴いグローバルの潮流を取り込もうとさまざまな金融サービスが試みられています。近年はとくにデジタル対応が進んでおり、金融立国として世界中から投資を呼び込んでいち早く先進国入りを遂げた隣国シンガポールとの地理的な近さから、人材やサービスの交流が活発です。シンガポールに立地する企業、とくにスタートアップにとってシンガポールの約6倍にあたる人口を有するマレーシアは自社のサービスを展開するうえで魅力的なマーケットとなっています。3270万人の人口の7割（69・9％）がマレー系（ブミプトラ）と呼ばれる人たちで、イスラームを信仰しています。一方で、人口の3割がかつて華僑として中国大陸から渡ってきた中華系（22・8％）と、主に南インドから渡ってきたインド系（6・6％）によって構成される多民族国家でもあります。

(2)イスラーム振興による国家運営

都市における商業で経済的に成功した中華系に対して、農村を基盤として相対的に貧困なマレー系の経済的地位を引き上げることを目的とした「ブミプトラ政策」（マレー系優遇政策）が進められてきた歴史的経緯もあります。マレーシアが多民族国家であったこと、そして国内での民族間格差を背景に民族融和が国家的課題であったことが、イスラーム振興によるマレー系市民の社会的経済的地位の向上を推し進める国家運営につながっています。

街中の至るところに尖塔（ミナレット）と半球状のドームを備えたモスクがあり、首都クアラルンプール中心部ではモスクを取り囲むように建築中も含め高層ビルが林立しており、13世紀以降にムスリム商人の活動を通じてこの地域に広がったイスラーム教国の側面と、グローバル資本を取り込み力強く経済成長を進めるアジアの大都市の側面とが両立しています。

(3)イスラーム世界との回廊

東洋の端にいる日本人からは見えにくいですが、経済的に豊かになりつつある東南アジアのイスラーム教国ということから、マレーシアと中東湾岸諸国との相互交流はじつに盛んです。

首都クアラルンプールではショッピングを楽しむ中東系の観光客の家族を多く見かけます。私が在籍していた地場銀行では、サウジアラビア、パキスタン、アフガニスタン、アラブ首長国連邦（UAE）出身の同僚が子供をインターナショナルスクールに通わせながら働いており、観光だけでなく生活基盤としてもイスラーム文化が機能しています。また、マレーシアからも、ヨルダンやエジプトのイスラーム法研究が強い大学へ留学する学生、

UAEやサウジアラビアの政府系エネルギー企業や金融機関で働くビジネスパーソンの流れがあります。

もともとムスリムの5つの義務には生涯に一度のマッカ（メッカ）巡礼があり、1960年代にはマッカ巡礼を目指すムスリムたちの資金を管理することを目的とした「巡礼積立運用基金（Tabung Haji）」が成立し、巡礼を計画する人々を支え、イスラーム金融の源流となりました。

イスラーム圏でのオイルマネーの勃興もあり、マレーシアは地政学的な強みを活かすべく、イスラームマネーのアジアにおける玄関口（ゲートウェイ）を標榜《ひょうぼう》しています。

1983年には東南アジア初の商業イスラーム銀行である「バンク・イスラーム（Bank Islam）」が設立されました。イスラーム金融の標準化を担う国際機関であるイスラーム金融サービス委員会（IFSB）、イスラーム金融に関する専門大学院（INCEIF）も設立され、マレーシアが起点となってイスラーム金融の国際化や高度化に寄与してきました。

このようにマレーシアは、アジアのグローバルマネーとイスラームマネーが交差するような位置にあるのです。

マレーシア国内貸出残高の推移

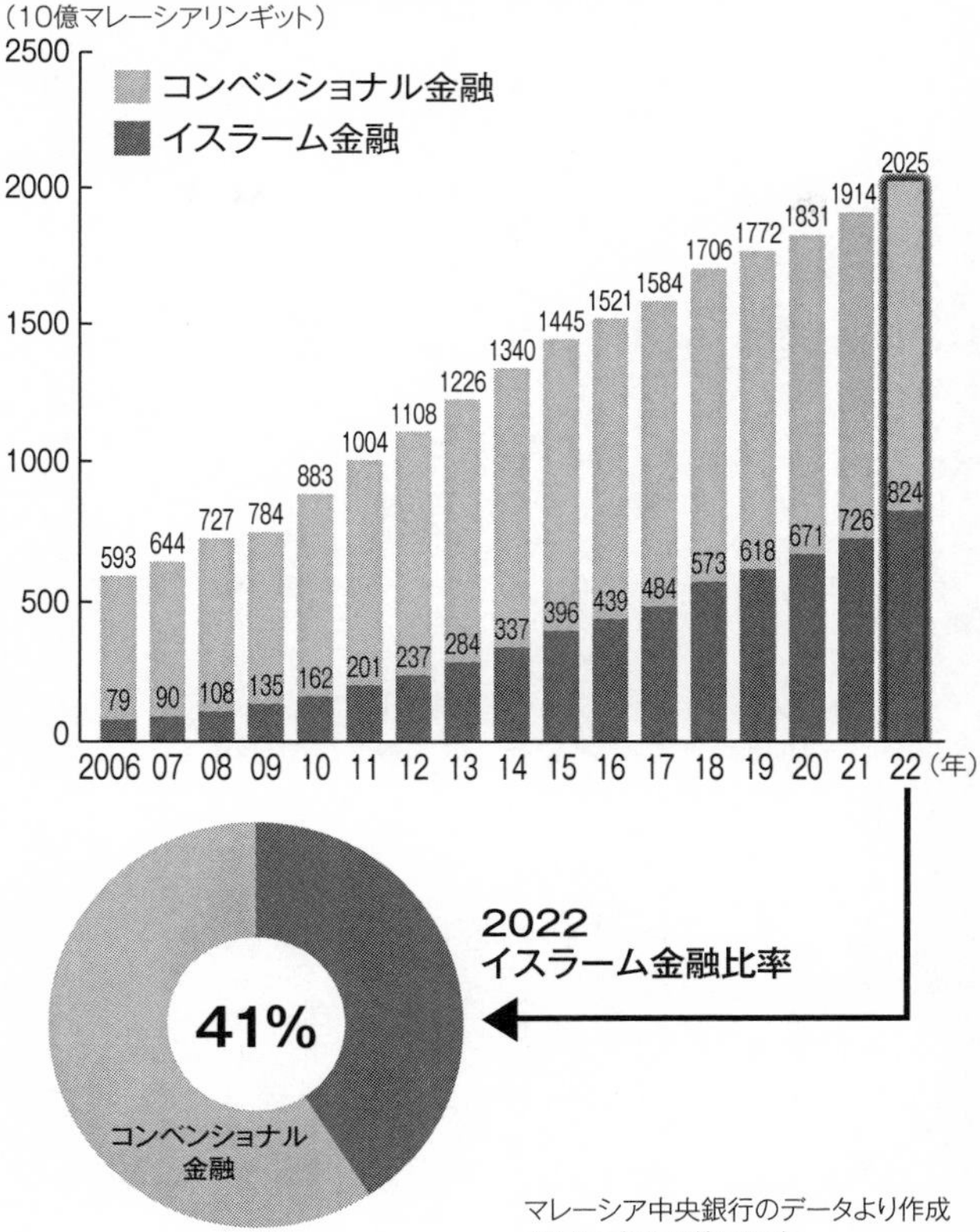

マレーシア中央銀行のデータより作成
(1リンギットは約30円)

イスラーム金融とコンベンショナル金融の共存

では、実際にマレーシアを訪問すると見えてくる風景とはどのようなものでしょうか。海外を訪れる時、銀行を見学しようと思う人はまずいないでしょうが、旅先で先立つものはお金ですから、現地通貨への両替で銀行店舗やATMを利用する機会は意外と多いかもしれません。マレーシアで注目すると面白いのは銀行の看板です。マレーシアの銀行はイスラーム銀行のブランドと、通常の銀行のブランドが並列して掲示されていることが多いのです。具体的には「Maybank / Maybank Islamic」や「CIMB Bank / CIMB Islamic」といった銀行名＋Islamicの表記、「HSBC / HSBC Amanah」や「Standard Chartered / Standard Chartered Saadiq」といった銀行名＋アラビア単語（Amanahは信頼、Saadiqは真実、誠実の意味）があります。

これらはすべて、金融グループ名と、その中でのイスラーム銀行の名称です。あえてイスラーム銀行の名称も高々と掲示することで、自分たちの銀行がイスラーム金融を提供していることを広くアピールしているのです。じっさいに金融監督官庁であるマレーシア中央銀行の認可を得た金融グループの地場11社、外資20社のうち、地場は11社すべて、外資系も12社と半数以上がイスラーム金融ライセンスを取得し、イスラーム金融に参入しています。またイスラーム金融業務のみを扱う専業銀行としてライセンスを受けた銀行もあります。マレーシア中央銀行の統計では、国内銀行の貸出全体に占めるイスラーム金融の割合は４割、預金全体に占める割合も４割となっています。

(1)さまざまな金融サービスに波及

イスラーム金融の商品・サービスを提供するのは、銀行だけではありません。銀行以外の金融サービスにも総じてイスラーム金融の考え方が適用されます。

身近なところでは、少額個人向け融資（パーソナルローン、消費者金融）や自動車販売金融（オートローン）、クレジットカードがあります。また、保険会社もイスラーム保険（タカーフル）を開発しています。保険会社は保険契約者に対して払込済金を担保にローンを提供しており、直接的に利子が関係するほか、保険には投機的側面（将来発生する可能性のあるリスクに掛け金をかける）があるとみなされ、投機を禁止するイスラームの立場から投機にあたらないとお墨付きを与えることに一定のニーズがあるからです。さらに証券投資や資産運用の世界にもイスラーム方式の債券（スクーク）や投資信託があります。

マレーシアでは銀行口座、クレジットカード、自動車保険、自動車・住宅ファイナンスなど、個人を取り巻くあらゆる金融サービスにイスラーム方式が選択肢として存在します。筆者が派遣駐在員として現地生活をスタートさせるにあたり、銀行口座の開設、クレジットカード作成、自動車保険加入と生活に必要な金融サービスを利用してきましたが、いずれもイスラーム方式が選択できました（そして実際に使っていました）。逆に言えば、すべてイスラーム方式なのではなく、イスラーム方式と非イスラーム方式が併存していて、顧客が選択可能ということでもあります。

ここでのキーワードは「ファイナンシャル・インクルージョン（金融包摂）」という考え方です。金融包摂とは「すべての人々が、経済活動のチャンスを捉えるため、また経済的に不安定な状況を軽減するために必要とされる金融サービスにアクセスでき、またそれを利用できる状況」を指します。あらゆる金融領域において、イスラーム金融商品を提供することが、農村など金融アクセスが限定的な地域に暮らす人々を含むあらゆる人々の金融包摂につながるという信念のもと、さまざまな金融サービスにおいてイスラーム金融の商品開発に取り組まれているのです。

(2) イスラーム金融を支える「シャリーア・アドバイザリー」

これらのイスラーム金融サービスを提供するにあたって、サービス提供業者は、提供する金融サービスがイスラーム法の観点から問題ないかを審査する「シャリーア・アドバイザー」を選任しています。現地の法律事務所の多くはこうしたシャリーア・アドバイザリーに対応しており、またグローバル・ファームにも対応しているところがあります。またシャリーア・アドバイザリーに特化した専門のリーガル・ファームもあります。銀行は、商品開発や案件組成において、銀行法で設置が義務付けられた自前のシャリーア・リサーチ・チームを活用しますが、足りない場合はこうした外部のリーガル・ファームと連携することもあります。

銀行以外の貸金業者や保険、資産運用会社は銀行と異なり、必ずしも銀行のようにシャリーア部署の設置が義務付けられているわけではありません。そのため、イスラーム金融サービスを提供するうえで外部のシャリーア・アドバイザーを選任しています。このように金融のみならず、法律の世界にも通常の法律助言とシャリーア助言の領域が共存していることになります。シャリーア・アドバイザリー業務はリーガル領域に埋め込まれたイスラームと言えます。

(3) 経済活動に組み込まれたイスラームの考え方

金融や法律の領域においてイスラームの宗教的な教えが埋め込まれているというと突飛に思えますが、より身近な例ではハラール製品も同様に経済活動に埋め込まれたイスラームの考え方です。「ハラール」とはイスラームの教えにおいて「許されている物」という意味で、イスラーム圏では、認証機関が審査して問題ないと判断された食品やレストランには「ハラールマーク」が付与されています。

反対に、イスラームで禁止されている食品である豚肉や酒などを扱うレストランはハラールマークがなく、スーパーではハラールマークのない豚肉や酒類は店内の奥の方に別スペースが置かれ、会計も別になっています。ハラールマークは食品のみならず、身体に触れたり取り込んだりする必要のある化粧品や医薬品などの分野にも広がっています。ムスリムはこのハラールマークをガイドラインとして、食材からレストラン、身近な日用品選びを行なっています。

信仰心の厚い私の同僚は、「市中のショッピングモールにあるレストランは、客席から見えない裏の厨房《ちゅうぼう》で非ムスリムの外国人従業員が働いている可能性もあり、ハラールが満たされているかとても不安だ。むしろ道端の露店の方が誰が調理しているか確実で安心できる」と言っていました。衛生面を考えると炎天下の路上で食材を扱う露店よりショッピングモールのレストランの方が安心できそうですが、彼によると道端の露店の方がハラールの点で安心できるというのです。私はこの「清潔感」の違いにかなり驚きましたが、イスラーム世界には「不純なものを避ける」というもう一つの清潔の基準が存在するのです。

こうしたイスラームの考え方を具体的に経済活動の中に仕組みとして落とし込んだのが、「ハラールマーク」であり、「シャリーア・アドバイザリー」であり、「イスラーム金融」ということになります。こうした仕組みをつくり上げていく過程は非常に努力を必要としますが、この努力こそがシャリーアの規範を日常の中で実践する「正しい道」であり、ムスリムにとって歩むべき道なのです。

個人取引の現場

(1)イスラミック・ファースト戦略

では、個人としてイスラーム銀行に銀行口座を作成し、取引を開始してみましょう。個人顧客が口座開設のために支店窓口に出向くと、行員は商品説明書と申込書を持ってきて案内します。その際、案内されるのはSavings Account-iというイスラーム金融預金です。Savings Accountというのが貯蓄用の預金口座、-iとあるのがイスラーム方式の意味です。つまりこの商品は「イスラーム方式の貯蓄用預金口座」となります。

この銀行は「イスラミック・ファースト戦略」を採用しており、顧客が求める商品サービスに対して、イスラーム方式がある場合、まず先にイスラーム方式の商品を案内する方針をとっているため、先にイスラーム方式の預金商品が案内されました。もちろん、顧客はコンベンショナル方式を選択することもできます。ただ、サービス内容に差がないのであれば、ましてムスリムであればわざわざイスラーム方式以外を選択する動機がありません。そのため、特段の理由がなければ銀行の案内に沿ってイスラーム方式を選択することになります。

顧客が非ムスリムの場合はどうでしょうか。非ムスリムである中華系や日本人もイスラーム方式の口座をつくることが可能であり、とくに不利益はありません。マレーシアは人口の7割がムスリムですので、ムスリムの信条に配慮した社会設計がされています。非ムスリムがハラルマーク付き食品を購入しても問題ないように、イスラーム方式の預金を選択するのもさほど違和感はありません。

「イスラミック・ファースト戦略」を採用しているマレーシアのトップバンクである「メイバンク」では、預かり資産の7割、つまり国内のムスリム人口比率を超えた割合がイスラーム方式となっており、銀行のプロモーションに対して顧客もイスラーム方式を選択していることがわかります。

(2)経済的な差異を生じさせない商品設計

銀行がイスラーム方式推しだとしても、コンベンショナル方式と比べて預金者に不利になるのでは困ります。イスラーム方式を選択しても預金者に不利益がないことについて補足しておきます。

顧客が預けたイスラーム方式の資金は、イスラーム法に適合する投資運用に充てられ、運用収益がリターンとして預金者に分配されます。銀行から預金者へのリターンはコンベンショナル方式では利子（Interest）であるのに対し、イスラーム方式では収益（Profit）という名称で区別されます。商品も別、運用も別、リターンも別として扱われるため、場合によっては有利不利が生じる可能性があります。

ただし、これは原則の話であって、実際の運用は、イスラーム方式とコンベンショナル方式ではサービスやリターンに経済的な差異が生じないように設計されており、実際にそのようなレートで推移していることがほとんどです。そのため預金者は、イスラーム法に適格かという観点のみが商品選択の基準となり、それぞれの方式の経済的な有利不利を考えずに済みます。つまり、預金者目線に立つとコンベンショナル方式とイスラーム方式の違いは、イスラーム法に適格であるか否かに収斂《しゅうれん》します。

実際に、銀行業界全体のコンベンショナル方式の利子率とイスラーム方式での収益率を比較してみると1990年代までは乖離《かいり》があったものの、2000年代以降は差異がなくなっていることがわかります。

(3)銀行側のコスト構造の話

このようなサービス設計が成り立つ理由を考えるには、銀行がどのようにして儲けているのか、銀行の収益構造を確認する必要があります。

銀行は、お客さまから預かったお金を、企業への貸し付けや国債で運用して収益を得ています。その運用収益の中からお客さまへ利息を支払い、人件費などの銀行の営業経費を差し引きます。

この構造自体は、イスラーム銀行でもコンベンショナル銀行でも同じです。イスラーム銀行では、お客さまから預かったお金を、イスラーム法に遵守した投資先（イスラーム方式の企業貸し付けや債券）で運用して収益を得、その収益から、預かったお金に対するリターンを収益（Profit）として支払い、シャリーア・コミッティ運営費用を含む営業経費を差し引きます。

イスラーム銀行であっても、運営しているのはあくまでも銀行業務であり、何か別のビジネスをしているわけではありません。イスラーム金融は、商取引原則やリスク・リターン原則という取引原則に基づくというように説明されますが、銀行業務としての収益構造が変わるものではない点を、まずは確認しておきます。

また、イスラーム銀行の収益構造はコンベンショナル銀行と変わらないという台所事情に加え、銀行のセールス戦略として経済的な差異を設けないようにしている背景もあります。

というのも、両方式でレートに差異があると、預金者は経済合理的な選択をしようとするので、どちらを選択した方が得かという判断基準が増え、銀行からの説明も煩雑になり、それは運営コストとなります。そのため、そうしたコストを抑えるという意味で、両方式を扱うマレーシアの銀行ではイスラーム方式とコンベンショナル方式のレートを同じにしていることがほとんどです。先に紹介した「イスラミック・ファースト戦略」を採用しているメイバンクでも、イスラーム方式とコンベンショナル方式で同じ預金レートを提示しています。

(4) なぜ異なる商品をつくる必要があるのか

経済的なリターンが同じ、サービス内容もほぼ変わらないなら、なぜ銀行は手間とコストをかけてイスラーム方式を開発しているのでしょうか。イスラーム金融の商品・サービスを提供している銀行のＷｅｂサイトを参照すると、およそ基本的な金融商品はイスラーム方式が提供されていることがわかります。複数の商品を管理維持するのにもそれなりにコストがかかります。銀行として利益率が高まるわけでも、コストが下がるわけでもないイスラーム方式をなぜ提供しているのでしょうか。

ストレートな答えは「そこに需要があるから」です。イスラーム方式の本質的な違いは「シャリーア適格」かどうかという点です。銀行はシャリーア適格であることを銀行の選択において考慮する顧客がいると考えているのです。

イスラーム法を意識せずに日々を過ごしている非ムスリムにとって、「シャリーア適格」であるか否かはほとんど意味がありません。一方で、ムスリムは日常生活の中でイスラーム法を常に意識しています。イスラーム法は、礼拝の仕方や冠婚葬祭に関わるルールなど信仰における守るべき行ないのみならず、朝起きてから寝るまで社会生活の隅々にわたって具体的に取り決められている規範体系です。

経済活動にも取り決めがあり、とくにリバー（利子）は金融取引の基本であるにも拘《かかわ》らず、イスラーム法で直接的に禁止されています。イスラームの教えを日常的に実践するムスリムにとっては、預金や借入という日常的行為が「シャリーア適格」であることは大きな意味があるのです。

個別の銀行がなぜ「イスラミック・ファースト戦略」を取っているかという点も、そうすることで自分たちの銀行は「シャリーアに配慮した経営を行なっています」とアピールすることで、多くの敬虔《けいけん》なムスリム顧客を惹《ひ》きつけたいと考えているからです。必ずしも銀行自身がイスラームの教えを信じている必要はありません。ここに預けておいたら安心だ、悪いようにはしないだろうという期待感を「信頼」と言いますが、ムスリム顧客の視点からすると、イスラームの教えや自分たちの信仰に配慮している銀行は信頼できるということにつながるのです。

法人取引の現場

法人の場合はどうでしょうか。個人と違い、営利法人は必ずしも特定の宗教を信仰しているわけではありません。銀行から融資を受ける場合、たとえイスラーム方式が選択できたとしても、それは営利法人には関係ないのではないかと思えます。しかし実際のところマレーシアでは、法人によるイスラーム金融利用は個人より活発です。より合理的な判断が求められる法人取引において、なぜイスラーム金融は使われるのでしょうか。

(1)債券発行におけるイスラーム金融

企業が資金を調達する方法は、大きく分けて銀行から借り入れをする間接金融と、証券市場（キャピタルマーケット）から資金を調達する直接金融があり、直接金融には、株式発行と債券発行があります。債券とは、国や地方公共団体、あるいは企業が多数の投資家から資金借入れを行なう時に発行するもので、発行には手間やコストがかかりますが、その分、証券市場に参加している投資家から好条件で大規模な資金調達が可能となるため、企業規模が大きくなると資金調達手段として選択されます。

先ほど個人取引の場合、イスラーム金融とコンベンショナル金融では経済的な差異はほぼないと書きましたが、じつは法人取引の一部では明らかに経済的に差異があるケースがあります。それは、債券発行による資金調達の場面です。

債券にもイスラーム方式があり、イスラーム方式で発行された債券のことを「スクーク(Sukuk)」と呼びます。マレーシア国内で新規に発行される社債の8割、国債の5割がこのスクークとなっています。イスラーム方式の方がメジャーで、コンベンショナル方式の方がマイナーなのです。理由は明確で、スクークの方が経済的に有利になるケースが多いからです。

(2)スクークの方が経済合理的

一つ目は、発行にあたって税制上の優遇措置があります。企業がスクークを発行する時、その発行には一定の発行費用がかかります。例えば発行関連書類を作成するためのリーガルフィーや登録費用、印紙税などです。こうしたスクーク発行にかかるコストには、政府の優遇措置によって税額控除や印紙税免除が設定されています。つまり発行企業はスクークを発行して資金調達した方が、通常の債券を発行するよりも支払う税金が少なく済みます。

二つ目として、税金面だけでなく、債券の発行条件も有利になる可能性があります。発行条件とは、発行した企業が発行日から満期日までにどのレートでいつのタイミングで投資家にリターンを支払うかということです。この発行条件は証券市場に参加する投資家の需要によって決まります。投資家の需要が高ければ、投資家へのリターンを低く（発行企

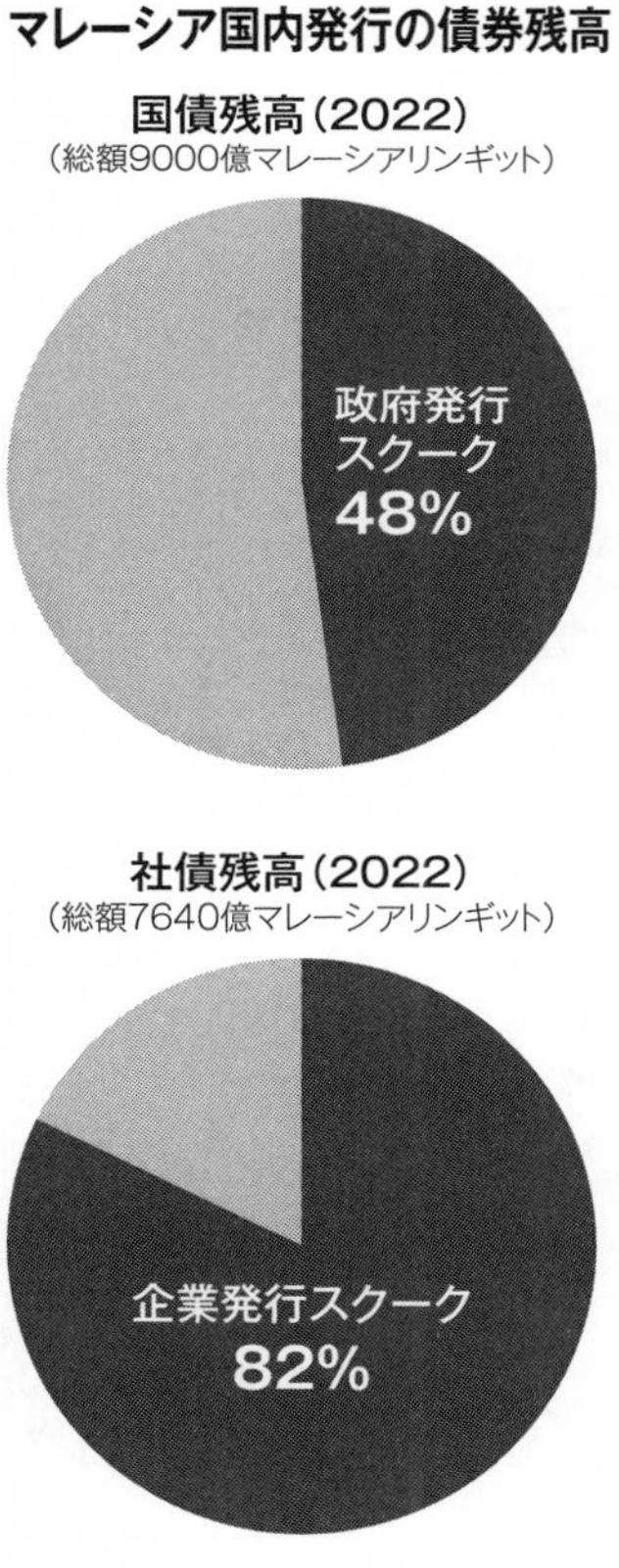

マレーシア証券委員会データより作成
（1リンギットは約30円）

業に有利な条件に）でき、投資家の需要が低ければ、投資家へのリターンを高く（発行企業に不利な条件に）なります。

マレーシア国内で発行されるスクークは投資家の需要が高く、結果として発行企業に有利な条件で発行できる可能性があります。そのため、とくに制約のない企業は、投資家の高い需要を期待して通常の債券よりもスクークを選択する傾向があります。

(3) 株式発行におけるイスラーム金融

では、証券市場から資金調達をするもう一つの手段である株式発行はどうでしょうか。株式には債券の場合のスクークのようなイスラーム方式は存在しません。債券は、投資家からの借金であり、投資家に支払われるリターンは利子（リバー）となるため、イスラーム方式の債券であるスクーク（イスラーム債）があるのですが、株式については投資家に支払われるのは投資に対する配当であり、配当の還元はイスラーム法上問題ないからです。

一方で、イスラーム法の観点からは、株式を発行する企業がイスラーム法で認められた事業運営を行なっているか、という観点が存在します。例えばビール会社はビールがハラールでないため、ビール販売を主な収益源とするビール会社の株式はイスラーム資金の運用先としては不適格です。同様にコンベンショナル銀行が発行する株式は、銀行の主な収益源が貸出による利子収益であることから不適格です。

マレーシアでは、マレーシアで上場している上場株式に対して適用される「シャリーア適格銘柄」の基準があります。2023年5月時点では全体の82％がこのシャリーア適格銘柄として認定を受けています。スクークの場合と同様、株式もシャリーア適格銘柄に認定されると、より多くの投資家の運用対象となるため、多くの上場企業はこの適格銘柄基準を意識して財務計画を立てています。

この適格銘柄基準には、事業活動基準と財務比率基準があり、事業活動基準は事業収入に対するシャリーア不適格な事業収入の割合によって、財務比率基準は総資産に対するリバー（利子）を含む預金及び負債の割合によって判定されます。こうしたシャリーア適格銘柄基準の存在が、とくに証券市場で株式を発行し投資家の評価を気にする上場企業がイスラーム金融を利用するインセンティブとなっています。

(4)イスラーム投資家の存在

なぜ企業は債券発行においてスクークを選択し、株式発行においてシャリーア適格銘柄基準を意識するのでしょうか。そこには「イスラーム・ファンド」の存在があります。マレーシアでは、投資資産運用をイスラーム法に適格な方式や対象に限るとする「イスラーム・ファンド」が多数存在しています。

具体的には、ムスリムから巡礼のための積立資金を集めて運用している巡礼基金、年金基金などのほか、イスラーム保険（タカーフル）を扱う民間の保険会社や投資信託を扱う資産運用会社があります。これらのイスラーム・ファンドは、投資家からイスラーム法に適格な運用を約束してお金を集めているために、その運用先としてコンベンショナル方式の国債や社債では運用できません。その代わりにスクークや株式が選択されます。

マレーシア国内におけるイスラーム・ファンドの存在は大きく、マレーシア最大の機関投資家である「雇用者年金基金（Employees Provident Fund : EPF）」もその資産の40％をイスラーム方式で受け入れており、マレーシアではスクークで発行した方が潜在投資家が広がるという状況になっています。マレーシア証券委員会の統計では、２０２２年時点で国内運用資産残高の23％がイスラーム方式によるものとなっており、通常の債券で発行する場合は、この2割の投資家がその債券に投資できないことになります。

(5) 官民一体で形成されるイスラーム金融エコシステム

スクークに対する税制優遇や株式市場におけるシャリーア適格基準などは、法人取引におけるイスラーム金融利用を大きく後押しするものであり、これらは政府の金融政策の一環と言えます。

マレーシア最大の機関投資家（EPF）

総資産額9855億リンギット（2022）

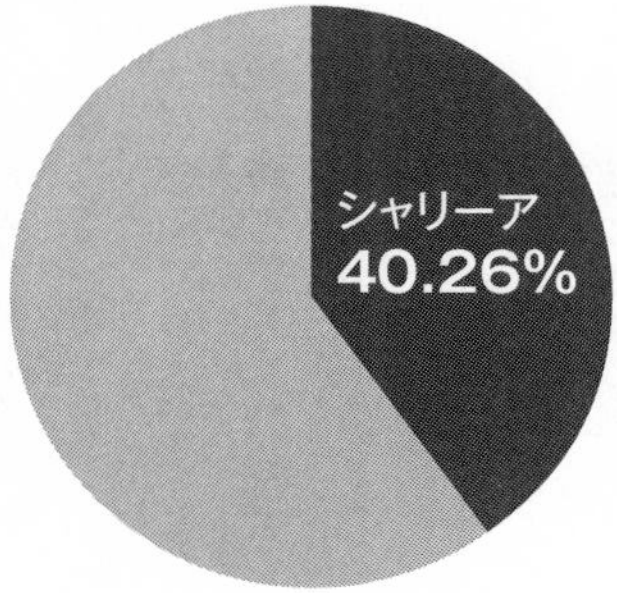

EPFアニュアルレポート2022より作成
（1リンギットは約30円）

また、Government Linked Companies（ＧＬＣｓ）と呼ばれる政府系企業の存在も無視できません。マレーシアでは国有企業の民営化が進んでいますが、クアラルンプール証券取引所の主要な上場企業の多くは、ＰＮＢ社（Permodalan Nasional Bhd.：PNB）やカザナ社（Khazanah Nasional Bhd.）

といった、政府系の投資会社が主要株主となっており、政府の意向が反映されやすい企業統治構造となっています。

このように、ＧＬＣｓを中心に積極的にスクーク発行が行なわれ、上場株式のシャリーア適格銘柄基準を意識した経営が行なわれ、またそうしたスクークや株式の受け皿としての政府系を含むイスラーム・ファンドの存在があり、イスラームマネーの好循環が生まれています。

イスラームの教えやシャリーアに対する尊重や配慮が行き届いている社会的背景をベースに、官民一体となって「イスラーム金融エコシステム」の形成と発展に取り組んでいる状況が、法人取引におけるイスラーム金融の活用を促進させているのです。

シャリーアに対するリスペクト

この章の冒頭で、シャリーア・コミッティをイスラーム金融という営みを象徴する存在として紹介しました。日本人には、金融機関に宗教的な身なりをした人々が出入りしている光景は異質に映るかもしれません。しかしイスラーム圏においては風景に溶け込んでいいる日常なのです。通底するのは、イスラーム社会に根差すシャリーアやシャリーアに精通した学者・有識者に対する尊敬と敬意です。

ビジネスと宗教は異種混交に思えます。とくに日本人からすると「混ぜるな危険」といいますか、特定の宗教とビジネスが結び付くと何かよからぬことが起こる、そんな感覚があるかと思います。金融を筆頭にビジネスは利益追求の場であり、宗教が個人の精神の救済の場であるとすると、両者は相反するようにも思えます。加えて、信教の自由があります。信教の選択は個人の自由に委ねられており、ビジネスが特定の宗教に肩入れすると個人の信教の自由を脅かしかねない、そんな懸念もありそうです。

しかしながら、私が見たイスラーム金融が埋め込まれた社会はそれとは異なる風景でした。そしてイスラームという宗教も、勝手に抱いていたイメージと少し異なっていました。ムスリムにとっ

スクーク市場を牽引するマレーシア

国別スクーク発行残高シェア(2022)

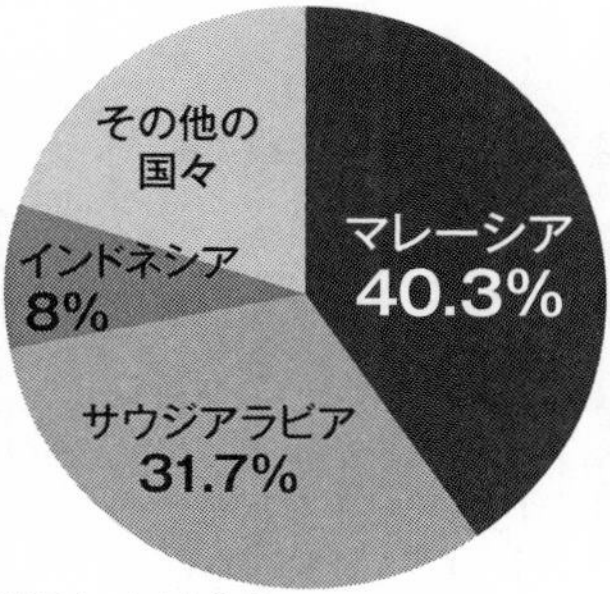

MIFCデータより作成

て、ビジネスと宗教の混合は自然な発想です。むしろ利益追求が宗教の教えであり、ビジネスは宗教的実践なのです。

イスラーム金融を営む銀行では、シャリーア・コミッティをかなりの労力と時間を費やして運営しています。効率性と収益性を追い求めるビジネスの立場からすれば「無駄」な時間と思えてもおかしくありません。はたしてビジネスの成功に、イスラーム法学者の意見がどれほど必要なのでしょうか。

イスラーム銀行の内部からすれば、シャリーア・コミッティの運営ほどビジネスの成功に「有意義」で「有益」な時間の使い方はありません。ビジネスにおける利益追求をどう公正に実践していくか、金融という、ともすれば剝《む》き出しの「強欲」に結び付きかねない領域に、いかにして規範や価値を持ち込むか。イスラーム法学者の見解に裏打ちされた規範や価値を社会に提供する商品やサービスに反映していくことこそが、ビジネスの成功に直結します。利益追求と宗教的な心の平和と安定の追求が両立するのがイスラーム金融という領域なのです。

日本ではイスラーム金融は、オイルマネーの勃興とともに注目され、金融領域において成長著しいアジアのマネーを取り込む絶好のビジネスチャンスとして紹介されてきました。近年では、イスラーム社会における社会・環境課題の解決に資する金融手法としてＥＳＧやサステナビリティの文脈で紹介されることが多くなってきています。これはイスラーム金融という交差点を別の角度から見ているに過ぎず、ビジネスと宗教が混ざり合った社会における人間の営みとして、どちらもイスラーム金融の本質を示しています。

ビジネスの現場に祈りの時間をつくること

ムスリムの日常生活には、１日５回の礼拝があります。24時間３６５日欠かさずこの習慣に取り組んでいます。人生でどれほどの時間をこの礼拝に費やすのだろうか。その時間は無駄ではないのか。傍で見ていた私には、そうした考えが頭をよぎったこともありました。

しかし、いまではその時間は必要な時間であり、祈る人に豊かさをもたらす時間に思えます。日常の営みの中で立ち止まるということ、自分や自分を超えた存在と向き合うこと、その中で自分の頭で考えるということ。一見、無駄や無為に思える空白の時間にも意味があることを、ムスリムの人々は理解し日々実践しています。翻《ひるがえ》って日本ではどうでしょうか。ESGやSDGs、サステナビリティは、ビジネスの現場からも真剣に受け止められています。しかしながら、そうしたテーマに対して、しっかりと時間をかけているでしょうか。時間をかけて、考えを巡らせ、頭を整理し、日々の営みの中で実践する、そういう時間の使い方を果たしてできているでしょうか。

イスラーム社会はその価値を認めて、イスラーム金融をはじめとする装置を長い時間をかけて社会に埋め込んでいます。日本社会はどうでしょうか。とくにビジネスの現場で、そういう「祈り」の時間は持てているでしょうか。日本社会が真の成熟社会となるために必要なのは、さらなる効率化やデジタル化だけではないのかもしれません。

宗教と金融の交差点であるイスラーム金融の現場に立ってみて気付いたのは、祈りの時間の価値でした。

コラム3

日系企業によるイスラーム金融の活用事例

日本においてイスラーム金融が注目を集めたのは、２００５年頃から２０１５年頃でしたが、その後も日系企業によるイスラーム金融の活用は着実に進行しています。ここではマレーシアを中心に、公表されている日系企業の最近の取り組み事例をご紹介します。

イオンフィナンシャルサービスは、２０２２年4月にマレーシアでイスラーム金融方式のデジタルバンクライセンスを取得し、店舗を持たない銀行として、預金、保険、少額の割賦《かっぷ》などの金融サービスを提供する準備を進めています。デジタル技術を駆使して、従来は金融サービスへのアクセスが難しかった人々のニーズに応え、社会的課題である「デジタル金融包摂《ほうせつ》」を実現しようとしています。

トヨタファイナンスは、２０２１年１月に現地子会社で世界初のシャリーアガイドラインに基づいた自動車のサブスクリプションサービス（車のサブスク）を開始しました。以前から提供するイスラーム金融方式に基づく販売金融に加え、新しいサービスもシャリーアに対応し、現地の需要に応えています。

オリックスは、２０１７年11月に現地法人を通じて、外部機関からシャリーア適格認証を取得し、イスラーム金融事業に参入しました。「イジャーラ」（イスラーム金融方式リース）の提供を開始し、官公庁や現地企業のニーズに応えています。

三井住友銀行は、２０２３年１月に現地子会社が現地通貨建てイスラーム金融の認可を取得しました。今後、邦銀によるイスラーム金融方式の協調融資も期待される状況と言えます。

味の素は、２０２０年12月に現地子会社がハラル準拠製品の開発・製造に関する新工場の建設や会社の移転に必要な一部資金を、イスラーム金融方式のＥＳＧファイナンスによって調達しました。同社の地域に密着した環境と社会への積極的な貢献を示す取り組みです。

三井物産が主導し、中国電力が参画した超臨界石炭火力発電所の建設・運営プロジェクトでは、2015年12月に同年の発行額としては世界最大の89億8000万リンギット（約2400億円）をスクーク発行によって調達しました。

三菱UFJ銀行は、2014年に現地通貨建てイスラーム金融の認可を取得し、2019年1月に邦銀として初めての現地通貨建てイスラーム金融方式のプロジェクトファイナンスおよびデリバティブを提供しています。また、2021年3月には現地子会社を通じて現地通貨建てのスクークを発行しました。これは、米ドル建てや円建てに続く3回目の発行であり、調達した資金はESGファイナンスを含むイスラーム金融方式の融資に充てられます。

第3章

イスラーム金融哲学のエッセンス

京都大学大学院
アジア・アフリカ地域研究研究科教授
長岡慎介

現代のイスラーム金融は、第1章で見てきたように「商取引原則」と「リスクシェア原則」という二つの特有の取引原則によって実践されています。こうした取引原則は、イスラームにおける独自の金融哲学に基づいたものです。では、そうした独自の金融哲学とはどんなものでしょうか。この章では、そのことがわかるイスラームの二つの教義を紹介し、それらが取引原則にどのように結びついているのかを考えてみることにします。

「リバー」の禁止と商取引原則

(1)『クルアーン(コーラン)』における「リバー」

(一般には「コーラン」とも表記される聖典だが、ここではアラビア語の本来の発音により近い「クルアーン」という表記を用いる)

一つめの教義は、「リバーの禁止」と呼ばれるものである(「リバー」については次の項で詳述する)。イスラームの基本教義が収められている聖典『クルアーン』には、リバーを禁止する章句を数多く見ることができる。

例えば、『クルアーン』の第2章第275節には、

「リバーを食らう者は、悪魔に取り憑《つ》かれた者がようやく起き上がるようにしか起き上がることができない。（中略）神は、リバーを禁じた」

とあり、リバーを取ることが宗教的に望ましくないとされ、後段では単刀直入にリバーの禁止が言及されている。

また、第4章第161節には、

「禁じられたリバーを取り、不正に人の財産を貪《むさぼ》った者には、痛ましい懲罰を準備している」

とあり、リバーを取って商売をする者は神によって罰せられる、と述べられている。

ムスリムたちがイスラームを信仰する最大の目的は、来世で天国に行くために神に救済されることである。そのためには、現世を神（アッラー）の指示どおりに生き、神の恩恵を増やさなければならない。しかし、『クルアーン』には、次のような章句がある。

「利益のためにリバーを含んで人に貸し与えても、神の元では何も増えない」（第30章第39節）

つまり、リバーを取って商売をする者に対しては、神の恩恵がいっさい増えず、すなわち、天国に行くことができないのである。このように、リバーの禁止は、来世での救済に直接関わる、とても重要な教義であることがわかる。

⑵リバーとは何か?

それでは、この「リバー」とはいったい何なのだろうか。

『クルアーン』には、リバーを禁止する章句は多くある。しかし、どのような商売がリバーを含むものであるかについての具体的な説明は、残念ながら『クルアーン』にはない。『クルアーン』を読んだだけでは、リバーが何であるかはわからないのである。

イスラームの開祖である預言者ムハンマドの没後（632年没）に、信徒の共同体を引き継いだ人々にとっても事情は同じで、彼らは、『クルアーン』の章句やムハンマドの言行を手がかりに、リバーの謎を少しずつ解いていったのである。

このように『クルアーン』の章句やムハンマドの言行を手がかりに、イスラームの教義を具体化させていく人々のことを「イスラーム法学者」と呼ぶ。

100年以上に及ぶイスラーム法学者たちの長い議論の末に、ついにリバーの正体が解明された。それは、端的に言えば、次の二つのやり方で取引が行なわれる商売にリバーが含まれるというものである。一つは「不等価の取引」、もう一つは「信用取引」である。

不等価の取引とは、100円と80円のような異なる価値を持つ商品どうしの売買を指す。他方、信用取引とは、商品の売買を同時にするのではなく、代金を後払いするように、片方の商品を後日、引き渡す売買を指す。

イスラーム法学者たちは、リバーは、すべての商品の売買における不等価取引と信用取引に含まれるのではなく、取引される商品の種類によって含まれたり含まれなかったりすると考えた。例えば、食べ物や日用品といった実物商品では、不等価取引や信用取引であっても、そこにはリバーは含まれないと結論付けた。

実物商品を扱う商人は、他所で安く仕入れて市場で高く売ることで利益を稼ぐことを生業としているが、この考えに基づけば、こうした取引では禁じられたリバーは存在せず、商人たちはリバーのことを考えずに大いに商売をして利益を稼ぐことができる。

また、こうした売買では、信用取引も問題ないため、手持ちのない買い手は後払いを選ぶことで、欲しい商品をいち早く手に入れることもできた。商人にとっては、信用取引は、せっかく見つけた買い手を逃さないための方法としても有益であった。

(3)リバーの禁止と金融

他方、お金の貸し借りについては、不等価取引と信用取引の両方にリバーが含まれるとイスラーム法学者たちは結論付けた。お金の不等価取引とは、100円を貸して120円を返してもらう貸し借り、つまり、「利子」を付けた貸し借りのことである。こうした利子を付けた貸し借りにはリバーが含まれてしまうため、イスラーム金融では利子が使われていないのである。

それでは、お金の信用取引はどうだろうか。

イスラーム金融では、利子を付けないのであればお金の貸し借りができると一般には考えられている。実際のイスラーム金融の現場でも、「無利子ローン」が使われている。しかし、お金の信用取引にはリバーが含まれてしまうという考えからは、後日、お金を返済することになる無利子ローンにもリバーが存在することになってしまう。

結論から言えば、利子のないお金の貸し借りであっても、返済が後日になる場合にはリバーが存在し、イスラーム的には認められない。借りたお金をすぐに返す人はいないだろうから（それではお金を借りた意味がないので）、以上のリバーの考えからは、イスラームではお金の貸し借り自体ができないということになるのである。

しかし、金融は経済の潤滑油と言われるように、お金の貸し借りをしないで商売を行なうことは現実的ではない。それでは、リバーの禁止の教義に反することなくどうやってお金の貸し借りを行なえばよいのだろうか。

その答えが、第1章で述べられた商取引原則である。第1章でも紹介されている「ムラーバハ取引」ではイスラーム銀行が顧客の代わりに商品を仕入れて、それを銀行の利益を足した価格で顧客に販売する。代金は後払い（実物商品の信用取引！）とすることで、いま手元にお金がなくても欲しい商品を手に入れることができる。

このように、リバーの禁止の制約のない実物商品の売買をお金の貸し借りに組み合わせることで、教義を守りながらお金の貸し借りと同等の取引を行なうことができるのである。言うなれば、イスラームでは、金貸しをしたければ実物商品を扱う商人になれ、ということである。

ところで、現代のイスラーム金融で使われている無利子ローンは、リバーの禁止に反していないのだろうか。

じつは、利子を付けないお金のやり取り自体は、イスラームでは認められている。ただし、返済を前提とする無利子の貸し借りは、先ほど述べたようにリバーの禁止に抵触するのである。

イスラームで認められているのは、返済を初めからあてにしないお金のやり取りである。それは、施しのようなものである。貸し手はお金が返ってくることを期待して貸してはいけないのだ。あくまでも、お金に困っている借り手を助けるつもりで、お金を渡すのである。

このように、イスラーム金融の無利子ローンには、商売とはかけ離れた互いを思いやる関係性がひそんでいるのである。

(4)リバーはなぜ禁止されるのか？

ところで、なぜお金の貸し借りでリバーの禁止が厳しく適用されるのだろうか。その理由は、イスラームにおける労働倫理に求めることができる。イスラームでは、汗水流し努力して商売をすることが推奨されている。従って、商売の儲けは、自分の労働の対価と位置付けられる。

それでは、金貸しで受け取る利子は、自分の労働の対価としてイスラーム的に正当化できるだろうか。答えは、否である。なぜなら、貸し手は一度、お金を貸した後は返済日がくるまで、座して待っているだけであり、働きもせずに利子を受け取ることになるからである。

イスラーム金融の商取引原則は、不労所得の忌避という独自の労働倫理も反映されている。ムラーバハにおいて、イスラーム銀行が手に入れる儲け、つまり、仕入れ額と販売額の差額は、銀行がきちんと自ら商品を仕入れて売るという実際の労働の存在によって、イスラーム的に正当化されているのである。

「ガラル」の禁止とリスクシェア原則

(1)『クルアーン』におけるガラル

二つめの教義は、「ガラルの禁止」と呼ばれるものである。

聖典『クルアーン』には、ガラルという言葉を使ってそれを禁止する章句は見られない。しかし、ガラルの考え方の元となった「マイスィル」と呼ばれるものについて、次のような言及がある。

「かれらは酒とマイスィルについて汝《なんじ》らに問うであろう。言ってやるがいい。『それらは大きな罪であるが、人間のために多少の益もある。だがその罪は、益よりも大である。』」（第2章第219節）

このマイスィルとは、預言者ムハンマドが生きていた時代のアラビア半島で流行していた賭け事の一種である。

それは、不均等に分けた動物の肉を矢の先に取り付けて、その部分を隠して選ぶくじ引きのようなものである。運がよければ大きな肉がもらえるが、運が悪ければ小さな肉しかもらえない。イスラームは、このように人間の努力に関係なく、運次第で、手に入る儲けが左右されるようなことは好ましくないと考え、こうした賭け事を禁止したのである。

この『クルアーン』の章句に基づいた賭け事の禁止は、現代のイスラーム世界にも引き継がれている。例えば、中東の産油国、アラブ首長国連邦（UAE）のドバイは競馬が盛んなところとして有名だが、そこで行なわれるレースでは馬券は販売されていない。ドバイの競馬は純粋なスポーツとして楽しまれているのである。

(2) ガラルとは何か？

ガラルの禁止は、預言者ムハンマドの没後、『クルアーン』における賭け事の禁止の考え方を商売全般に拡大していく中で、イスラームの教義として確立されていったものである。イスラーム法学者たちは、どのような商売がガラルだと考えるようになったのだろうか。

重要なポイントは、取引の中にどれだけ不確実なことが含まれているかという点である。イスラーム法学者たちは、次のような取引を例として挙げている。

それは、妊娠しているラクダの子どもを売買する取引である。この取引には、そもそも子ラクダが無事に生まれてくるのか、どのような体格のラクダが生まれてくるのか、といった不確実性がひそんでいる。

イスラーム法学者たちは、別の例として、売り手が石を投げて、石が当たった衣服を売るという売買（これを「ハサート売買」と呼ぶ）も取り上げている。この売買では、石がどの服に当たるかは石を投げ終わってみなければわからないし、そもそも売り手がどういう石の投げ方をするのか、買い手があらかじめ把握するのは難しい。

いずれの例でも、不確実なことがあまりにも多すぎて、売り手と買い手の双方にとってリスクが大きすぎるのは明白であろう。ラクダの例では、万一、子ラクダが生まれてこなかった場合、買い手は支払った代金が無駄になるし、逆に、1頭分の子ラクダの値段で売って2頭以上生まれた場合は、売り手が損をする。石投げ売買の例では、売り手が意図的に安い服を目がけて投げて買い手に損をさせることもあり得るし、逆に、石が意図せぬ方向に飛んでいって買い手が代金以上の価値のある服を手に入れる可能性もある。

イスラーム法学者たちは、このような売り手と買い手のいずれかが運次第で一方的に大損や大儲けをしてしまう可能性のある取引をガラルと呼んで、『クルアーン』のマイスィルと同じように禁止すべきだと考えるようになったのである。

ところで、商売にはそもそもリスクが付き物である。売り手にとっては、仕入れた商品がそもそも売れるかどうかは不確実であるし、買い手にとっても、お目当ての商品を市場で妥当な値段で買えるかどうかは不確実である。

イスラームは、そうした商売にまつわるあらゆるリスクを好ましくないと考えているわけではない。あくまでも売り手と買い手のどちらか一方が、運に左右されて大損や大儲けするのを許していないだけで、市場での売り手と買い手のミスマッチングのような「お互い様」のリスクは問題ないと考えているのである。

(3)ガラルの禁止と金融

ここまでくれば、イスラーム金融のリスクシェア原則がガラルの禁止に由来していることは明白であろう。第1章で紹介された「ムダーラバ」の仕組みは、銀行が貸し出したお金を使って行なわれた商売の儲けを借り手だけが独り占めするのではなく、貸し手である銀行や預金者と分け合う仕組みであった。これは、大儲けの可能性を貸し手と借り手でシェアするものだと言えよう。

このムダーラバでは、借りたお金を使って行なった商売が失敗して返済ができなくなった場合、その返済を免除する仕組みがある。これは、借り手の商売のリスクを貸し手である銀行や預金者がともにシェアすることを意味している。

このように、イスラーム金融では、金貸しとは切っても切り離せないリスクや不確実性を、ガラルに抵触しないように、うまく手なずける仕組みがつくられている。それが、リスクシェア原則なのである。

イスラーム金融では、ムダーラバ以外でもリスクシェア原則に基づいた仕組みがつくられている。

例えば、金融では先物取引のような金融派生商品（デリバティブ）は認められていない。先物取引は、将来の不確実な経済情勢による損失を最小化するためにつくられた金融商品であり、国際情勢の動向に左右されやすい原油や天候によって収穫量が上下する農産物などを、あらかじめ決められた価格で買い取ることを決めておくことで、それらの商品の価格上昇のリスクを回避するために利用されている。

しかし、先物取引は、将来の商品価格という現時点では予想することが難しいものを売買のネタとして使っており、どのような価格が実際に成り立つかによって、売り手と買い手の一方的な大損や大儲けの可能性がある。天候不順で農産物の価格が大幅に上昇すれば、買い手は得をするが、売り手は高い価格で売る機会を奪われて損となる。価格が下がった時には、その立場が逆転する。これはまさにガラルが含まれる売買であり、従って、イスラーム金融では先物取引を始めとする金融派生商品が認められていないのである。

別の例として、保険商品がある。

イスラームでは私たちが利用している従来型の保険商品は好ましいとは考えられていない。従来型保険では、私たちは保険料を支払い、不慮の事態が生じた時に保険金を受け取る。ここで支払う保険料は、保険会社が支払うことが予想される保険金の総額を十分カバーできるように決められており（これを「収支相等の原則」と呼ぶ）、よほどの天変地異が起こって加入者の大半が保険金を請求する事態にならない限り、保険会社が損をすることはない。

こうした従来型保険の仕組みは、不慮の事態における金銭的な補償を加入者全員で負担するものであり、将来のリスクを皆でシェアするものだと言える。しかし、収支相等の原則は、そうしたリスクシェアの仲間の中に保険会社が入っていないことを意味している。

言うなれば、将来のリスクを保険会社が加入者に一方的に押しつけているのである。

イスラームは、こうしたリスクの負担に偏りのある従来型保険はガラルの禁止に抵触するものだと考えたのである。代わりとして、「タカーフル」と呼ばれるイスラーム型保険が新たにつくられている。このタカーフルでは、保険会社もリスクをシェアする仲間の一員として、将来起こりうる不慮の事態のリスクを負担する仕組みが取られている。

こうしたタカーフルの仕組みは、じつは、21世紀初めまで日本の保険会社が採用していた相互会社の仕組みに似ている。相互会社では、保険の加入者は「社員」と呼ばれ、相互扶助の精神に基づいて社員どうしが助け合うということが仕組みの根幹にあったが、タカーフルはまさにそうした相互扶助の考え方に基づくリスクシェア原則によって運営されているのである。

(4)ガラルはなぜ禁止されるのか？

ガラルが禁止される背景には、イスラームにおける独自の公平性の考えが存在している。

イスラームでは、各人の努力の結果、得られる儲けに差が出ることは仕方のないことだと考える。個々人が生まれながらにして持つ能力には差があり、同じ努力をしても異なる結果が生じるのは当然だからである。

しかし、努力とは関係のないところで得られる儲けに差が出ることは、イスラームは断じて許さない。やむを得ず運不運によって儲けに差が出てしまいそうな場合は、そうした結果をみんなでシェアすることが望ましいと考えられている。こうした独自の公平性の考えによってガラルは禁止され、イスラーム金融におけるリスクシェア原則がつくられているのである。

イスラーム金融哲学と資本主義

(1)金儲けとイスラーム

以上のように、イスラーム金融哲学が、リバーとガラルの禁止という教義に基づいており、それらの教義がイスラーム金融の二つの取引原則（商取引原則とリスクシェア原則）に結びついていることを見てきた。

こうした金融哲学を見ると、何やらいろいろと禁止事項があって商売がしづらそうだと思えてしまうかもしれない。しかし、イスラームは金儲けを否定しているわけではない。むしろ、金儲けを大いに推奨しているのである。この章の最初に取り上げた『クルアーン』の第2章第275節には、次のような言い回しがある。

「神は商売をお許しになっている。」

宗教の聖典で、これだけあからさまに金儲けを認める言葉が出てくるのは珍しいのではないだろうか。そもそも私たちは、宗教を俗世から離れた聖なるものとしてイメージすることが多く、金儲けのような俗世の極みのような行為が信仰と結びつくことに違和感を覚えてしまう。イスラームは、そうした違和感をいとも簡単にぬぐい去り、金儲けをすること自体が、来世での救済につながると説いているのである。

さらに、イスラームでは単に金儲けを推奨するだけでなく、信仰を金儲けの比喩《ひゆ》でも語っている。『クルアーン』の第35章第29節には、次のような章句がある。

「本当に神の聖典を読誦する者、礼拝のつとめを守り、われが授けた者からひそかに、またあらわに施す者は、失敗のない商売を願っているようなものである。」

ここではイスラームの教義に従って生きることが、確実に儲かる商売を行なうことの比喩で語られている。イスラームでは、信仰の根幹まで金儲けが染み込んでいるのである。こうした特有の宗教と経済の関係は、イスラーム登場の歴史的状況にも関わっている。

イスラームが登場した7世紀のアラビア半島では、商業が非常に盛んであった。預言者ムハンマドが生まれ、イスラームの聖地となった都市マッカ（メッカ）も、キャラバン貿易の中継都市として大いに栄えていた。イスラームの信仰を最初に受容したのは、そうした貿易に関わる商人たちであった。神は、ムハンマドを通じてそうした商人たちの生業を認め、彼らにわかりやすい形で教えを説いていったのである。

イスラームはその発祥の地の生態環境になぞらえて「沙漠の宗教」と言われることが多いが、むしろ「商人の宗教」と呼ぶ方が適切である。一見、荒れ果てただけのように見える沙漠も、当時の人々から見れば、異国の地から富をもたらす商売の回廊だったのである。

(2) リバーとガラルの禁止と金融資本主義

それでは、商売を大いに推奨するイスラームの教義の中で、リバーとガラルの禁止はどのような意味を持っているだろうか。

私たちは、「禁止」と聞くと、「それを避けなければならない」「本当はやりたいけどやってはいけない」というように、ネガティブな意味として捉えがちである。リバーについては、「利子を取った方が本当は金貸しが円滑にできるのに！」とか、ガラルについては、「先物取引をした方が本当は経営が安定するのに！」とかいった具合に。

しかし、イスラームの金融哲学では、むしろ禁止をしっかりと守った方が経済的にも望ましい結果がもたらされると考えられている。それがリバーとガラルの禁止のポジティブな意味付けであり、それは、私たちが暮らす資本主義社会の抱える問題に一石を投じるものでもある。この章の最後に、そのことについて考えてみたい。

資本主義の危機の象徴として語られることの多い２００７年のアメリカを震源として発生した世界金融危機（いわゆる「リーマンショック」）は、日本を含めた世界全体に甚大な影響をもたらした。

その原因は、アメリカの投資銀行が住宅バブルという実体のない好景気をあてにして、自己資本をはるかに上回る借金をして、本来は返済能力のない貧困層にどんどんお金を貸していたことにある。当初は、住宅価格が上昇を続けており、返済に困った貧困層に住宅を売却させることで、投資銀行は貸したお金を確実に回収できた。

しかし、住宅バブルがはじけ、価格が一転して下がり始めると、たとえ住宅を売ったとしても貧困層は借金を返すことができず、お金の回収に失敗した投資銀行は次々と倒産していった。日本を含めた世界の金融機関や投資家は、そうしたことをきちんと把握しないでアメリカの投資銀行にお金を貸していたため、金融危機の影響が世界に広まったのである。


もし、アメリカの投資銀行が、リバーとガラルの禁止に基づいた業務を行なっていたとすれば、どうだっただろうか。試しに考えてみよう。

まず、返済能力のない貧困層にお金を貸すことや、投資銀行が自己資本をはるかに上回る借金をすることは、不必要かつ身の丈に合っていないお金の貸し借りとして、リバーの禁止に反するものである。そして、実体のない住宅価格の上昇という不確実きわまりないものをあてにして金貸しをすることは、ガラルの禁止に反している。

従って、アメリカの投資銀行がイスラーム銀行であったならば、世界金融危機は未然に防ぐことができたと考えることができる。これが、リバーとガラルの禁止のポジティブな意味付けの正体である。

こうしたイスラーム金融の利点は、世界金融危機で甚大な影響を受けた世界各地の金融規制当局や金融機関の大きな注目を集めた。ヨーロッパの政府や金融機関の中には、イスラーム金融市場に参画するところも出てきたほどである。

例えば、イギリス政府は、金融センターのロンドンを「イスラーム金融ゲートウェイ」と位置付け、イスラーム金融のための法制度の整備を積極的に行なっている。また、スタンダード・チャータードやＨＳＢＣといった世界を股にかける金融機関もイスラーム金融サービスの提供を始めている。

このようにイスラームの金融哲学は、単にムスリムたちの信仰実践のためだけでなく、信徒ではない私たちの経済社会にも徐々に浸透しつつある。

近い将来、世界の金融システムが、イスラーム金融に置き換わるというのは、当然のことながら現実的ではない。しかし、リバーとガラルの禁止を踏まえて金儲けをすべきだというイスラーム金融哲学は、私たちの資本主義社会が抱える問題に警鐘を鳴らし、その克服に役立つかもしれない有用なアイデアを提供しているのである。

コラム4

「ありがとう」と言われて怒るムスリム

――イスラームの独特な助け合いの仕組み

皆さんは「ありがとう」と謝意を伝えた相手に怒られた経験があるだろうか。あるいは、謝意を伝えられて怒ったことのある人はいるだろうか。

私は、エジプトでの現地調査が終わり、調査に協力してくれたエジプト人に謝意を伝えたところ、強い言葉で「私にありがとうと言うな！」と怒られたことがある。一瞬、不意を突かれたが、その後、気を取り直して、その真意を本人に聞いてみた。

彼の説明は次のようなものであった。

「遠い日本からはるばる調査のためにエジプトまでやってきた私（長岡）を助けるのは、ムスリムとして当然の義務である。そうした義務を決めたのは、神（アッラー）

であり、神に絶対帰依している自分は、その命令に従っただけである。自分は、神の命令に従って、来世での救いが近付いたことで満足なのだから、あえて感謝される筋合いはない。もしあなたが謝意を伝えたいのであれば、自分ではなく、神に感謝するべきだ」、と。

困っている人を助ける行為は、そういう人を見ると、いてもたってもいられなくなる人間の性分に基づくものだと考えていた私は、衝撃を受けた。自分の救いのために行動することが、結果としては人助けに結び付いているというイスラーム独自の人助けの考え方は、そうした私たちの常識とはまったく異なるものだったからである。

イスラーム世界では、この独自の考え方に基づく人助けの仕組みが随所で見られる。もっとも代表的なものは、信徒の最重要信仰行為の一つに数えられる「ザカート(喜捨)」である。ザカートは、1年間に稼いだお金の一部を神に返すものである。そうして集められたお金は、神が定めた使途に使われる。主に貧しい人や不遇な境遇に置かれている人々の支援に、お金が回される。ザカートは、施しに基づく富の再分配の機能を持っているのである。

こうしたザカートにおいて、お金を支払う側の人間の行為は、信徒としての義務を果たし、救済が近付いたことに満足することで完結する。払ったお金がどこの誰にどのように使われるかには関心を持たないし、持ってはいけない。ましてや、ザカートの受け手からの謝意を期待するなどもってのほかである。

他方、ザカートの受け手は、神からのありがたい施しとしてのみお金を受け取る。そのお金が元は誰が支払ったものであるかはわからないため、施しに対する謝意を神以外に表す必要もないし、支援を受けることの負い目を他人に感じる必要もない。

ところで、私たちの知っている助け合いの仕組みは、基本的に施す者と施される者の関係の近さに基づいて成り立っている。それは、利他と一般に呼ばれている。そうした助け合いがうまく回っている間はよいが、時として、両者の関係の近さがいらぬ諍《いさか》いを引き起こすこともある。「あの人は、お金持ちなのに、困っている人を全然助けようとしない」「あの人は、単にサボっているだけだから手厚い支援など不要だ」のように。

こうした不満の背景にあるものは、利他は自分の犠牲の上に成り立っているという考え方である。つまり、人助けは、自分の満足度を下げることにどれだけ我慢できるかという問題に帰着するのである。こうした利己と利他のせめぎ合いは、逼迫《ひっぱく》する社会保障費の財源確保のために、増税をどこまで許容できるかという問題や、格差社会における経済成長の果実をどのように分配するかという問題でもしばしば顔を出す。いわば、現代の資本主義社会が抱えている様々な問題の根幹にあるのが、この利己と利他の対立なのである。

その意味で、神という超越的な存在を間に介在させることで、施す者と施される者の関係性が完全に切り離され、利己と利他の対立が止揚されているザカートは、助け合いの仕組みとして極めて魅力的である。

出口の見えない資本主義社会の隘路《あいろ》に立たされている私たちにとって、イスラームの独特な助け合いの仕組みから学べることは少なくないはずである。

第4章 サステナブルファイナンスとしてのイスラーム金融

白鷗大学法学部非常勤講師
金子寿太郎

金融の国際基準が必要な理由

気候変動問題を含む環境、社会およびコーポレートガバナンスに関する問題（ＥＳＧ）への関心や国連の持続可能な開発目標（ＳＤＧｓ）[1]の浸透のほか、行き過ぎた資本主義に対する反省を背景に、持続可能性（サステナビリティ）を重視した金融（サステナブルファイナンス）[2]に民間資金を誘導する政策的志向が勢いを増している。

とくにＥＵが２０１８年に「サステナブルファイナンス行動計画」を公表し、具体的な法制化作業を開始して以来、サステナブルファイナンス政策はグローバルな議題へ一気に発展した。ＥＵでは、すでに水・海洋資源、生物多様性等の気候変動以外の環境問題（ＥＳＧのＥ全般）のほか、社会問題（ＥＳＧのＳ）[3]にまでサステナブルファイナンスに関する議論が本格化している。

金融は、ダイベストメント（ネガティブスクリーニング）[4]、エンゲージメント[5]、インテグレーション[6]などの投資手法を通じて、持続可能な経済・社会の実現に寄与することができると考えられる。

調達サイドについても、債券市場では、環境保護等に資金使途を限定した金融商品への需要の高まりを背景に、一部の環境債（グリーンボンド）についてはグリーニアム[7]が生じているとも言われている。コンベンショナルな金融（以下、通常金融）における規制の観点からは、分類システム（タクソノミー）、開示要件、グリーンボンド基準、ベンチマーク、銀行の資本賦課等が検討・導入されている。

金融サービスは、その他のサービスや財に比べ、クロスボーダーでの取引に馴染《なじ》みやすい。クロスボーダー取引は、競争を通じて、サービスレベルの向上や価格の低下といった消費者の利益を生む。一方、法域間でルールがまちまちである場合、国際的に活動する金融機関や投資家にとって、コンプライアンス（法令遵守）コストが高まったり、規制・監督の緩い国に取引が流れて競争条件が不平等になったりする。加えて、ある国の金融システムが機能不全に陥った場合、その悪影響は容易に他の国の金融システムに伝播《でんぱ》し、金融システムを世界的に不安定化させ得る。

こうした事情から、国際的な金融規制・監督手法の標準化や収斂するための基準（国際基準）が必要とされる。国際基準（国際機関が策定する原則、指針、勧告等）は、加盟国・地域に対しても、原則として法的な拘束力を持たず、加盟国の国内法に受容されることを前提としている。とはいえ、重要な国際基準については、策定機関により国内法への受容状況が評価され、その結果が公表される。悪い評価が公表されれば、当該法域の当局や金融市場に対する信認が損なわれるため、国際基準には事実上の規範性があると考えられている。

サステナビリティは新しい概念であることから、このリスクの把握には、従来の金融リスクとは異なる面がある。こうした中、通常金融では、欧州が牽引《けんいん》する形で、サステナビリティに関するリスクの評価方法を確立するとともに、国際的に共通の規制を適用して管理していこうという取り組みが進んでいる。

一方、イスラーム金融では、サステナビリティの扱いについて、まだ体系的な整理がなされていない。

イスラーム金融規制とサステナブルファイナンスの関係

サステナブルファイナンスの議論は、通常金融において先行している。イスラーム金融サービス委員会（ＩＦＳＢ）[8]やイスラーム金融機関会計監査機構（ＡＡＯＩＦＩ）[9]といったイスラーム金融の基準設定機関も、サステナビリティをイスラーム金融の規制・制度にどのように取り込むのかに対する問題意識は高まっているものの、現時点ではまだ水面下で検討する段階にとどまっており、原則等の公表には至っていない。

本章では、①タクソノミー、および②企業等の情報開示、というサステナブルファイナンスの関連でとくに重要なテーマを軸に、イスラーム金融規制とサステナブルファイナンスの関係を整理する。

①のタクソノミーは、一定の基準に照らして、あらゆる経済活動をサステナブルか否か評価するものである。②の情報開示は、サステナブルファイナンスに必要なデータを確保するためのものである。

①と②の要件が国際的に調整されていることによって、当局や投資家・消費者は個別の企業の活動状況や金融商品を正確に評価したり、横断的に比較したりすることができる。従って、両者は、あらゆるサステナブルファイナンス政策の土台となるものである。

(1)タクソノミー

ＥＳＧ／ＳＤＧｓはある種のブームとなっているため、「グリーン〜」「ソーシャル〜」などと銘打ちつつ実際には環境問題や社会問題への対処に繋がらないプロジェクトや活動に投資する商品も生まれている。このようにＥＳＧウォッシュされた金融商品は、サステナブルファイナンスへの不信を生み出し、ひいてはサステナブルファイナンス市場の縮小をもたらしかねない。タクソノミーは、それ自体で法的な拘束力を持つとは限らないものの、あらゆる経済活動を持続可能なものとそれ以外に分ける、という点で、金融の範疇《はんちゅう》を超える包括的かつ強力なツールである。

タクソノミーに関するグローバルな統一基準はまだ存在しない。とはいえ、通常金融では、タクソノミーを導入している国や地域はすでに相応の数にのぼる。これらのうち、ＥＵがもっとも早く検討に着手した。２０２０年7月に発効したＥＵの「グリーンタクソノミー法」は、石炭が持続可能ではない旨を明記している。さらに２０２２年2月、欧州委員会下の技術的専門家グループは、人権侵害等の社会問題を扱うソーシャルタクソノミーに関する報告書を公表した。ＥＵタクソノミーは、加盟国すべてに適用される。

一方、欧州以外では、地域内の経済的・社会的状況の違いから、各国のタクソノミーの内容がまちまちという状況がある。[10] こうした中、東南アジア諸国連合（ＡＳＥＡＮ）は、加盟国間でタクソノミーの収斂を進める観点から、域内共通タクソノミーを拘束力のない指針として策定しており、２０２３年３月にはこの第２版で地域全体として脱石炭を目指す方向性を示した。

異なる地域間でタクソノミーを調整する試みも始まっている。ＥＵと中国は、それぞれのタクソノミーをベースにしつつ、グローバルに適用できるような共通グリーンタクソノミーの構築に向けた議論を続けている。このように各国・地域のタクソノミーを調整・収斂する動きが拡大する中で、徐々に国際基準として統一する地合いが醸成されていくと予想される。実際、通常金融の国際機関や会議体は、メンバー機関によるタクソノミーの標準化に向けた流れを歓迎・支援する立場を示している。

翻《ひるがえ》ってイスラーム金融においても、マレーシアの中央銀行が、シャリーア（イスラーム法）の目的（マカーシド）の積極的な実践を通じて、持続可能な経済・社会の実現に向けたインパクトを生じさせようとするなど新たな動きが見られる。グリーンスクークなど

ＥＳＧ関連商品に対する信頼を確保する上で、シャリーア適合（シャリーア適格に同じ）でかつグリーンやソーシャルな活動を特定するためのタクソノミーの構築が有用であろう。イスラームの教義は、タバコ、武器、ポルノなどを一般的に禁忌としており、ＥＳＧの議論とも符合する。[11] 加えて、シャリーア適合性の有無の判断は、本質的にタクソノミーの二分法（dichotomy）的な発想と通じる。従って、もともとイスラーム金融には持続可能な経済活動にかかる分類体系がある程度備わっているとも考えられる。

とはいえ、現時点ではＩＦＳＢとＡＡＯＩＦＩ（１３３ページ）のいずれについても、イスラーム金融用タクソノミー構築に向けた検討状況は明らかにされていない。[12] 通常金融の基準設定機関等の検討状況を見守りつつ、その結果により対応を決める方針と推察される。

(2) 情報開示

投資家が投資対象となる企業やプロジェクトが自らの選好に合致しているか否かを適切に判断できるようにするには、当該企業等の透明性を確保することが不可欠である。サステナブルファイナンスをめぐる論点の中で、開示はもっともグローバルで議論が進んでいる分野と言える。タクソノミーがサステナブルファイナンスに対する信認を確保する基礎であるといっても、前述のとおり、国際的なタクソノミー基準はまだ存在しない。こうした状況では、各企業が自らのサステナビリティに関する詳細な情報を開示することで個別投資家の的確な判断に資することが現実的な対応となっている面もある。

現時点でもっとも浸透しているサステナビリティ開示に関する国際基準は、「気候関連財務情報開示タスクフォース（ＴＣＦＤ）」による勧告である。ＴＣＦＤは、気候関連の情報開示のあり方を検討する目的から、２０１５年に設置された。２０１７年に自主的な開示要件として、「ガバナンス」「戦略」「リスク管理」「指標と目標」の４項目にかかる勧告を公表した。

もっとも、ＴＣＦＤ勧告は、企業等の財務が気候変動によってどのように影響を受けるか（シングルマテリアリティ）に関する情報に重点を置いている。このため、当該企業が気候変動に対してどのような影響を与えているか（ダブルマテリアリティ）を含め、対象範囲を拡大すべき、という意見があった。

こうした要請を背景に、「国際サステナビリティ基準審議会（ISSB）」という国際機関が2021年11月に創設された（中核拠点はフランクフルトとモントリオールに所在）。ISSBは、気候変動関連の開示およびこれ以外も含む一般的なサステナビリティ関連の開示にかかる基準策定作業を進め、2023年6月にそれぞれの最終報告書を公表した。両基準は、TCFD勧告よりも広範、詳細かつ定量的に開示要件を規定したほか、TCFD勧告が推奨にとどまるのに対し義務化に踏み切った。2024年1月に発効する予定である。

ISSBは、今後も開示対象を主体・活動・目的（例えば生物多様性）別にそれぞれ一層拡大すべく、新たな基準を策定する方針である。なお、現状、ISSBはイスラーム金融を意識した作業を行なう予定は明らかにしていない。

翻ってイスラーム金融について見ると、IFSBは、2021年版の「イスラーム金融サービス産業安定報告書」において、気候変動対応を含むサステナビリティに関する開示を妨げるようなイスラームの特性は特段存在しない、との見解を示している。その上で、長期的な観点から、ISSBの基準を関連するIFSBの既存基準[13]に取り込んでいく方針である。

翌2022年版の同レポートでは、通常金融における開示の議論がさらに進展するとの想定の下で、イスラーム資本市場のサステナビリティに関する指針ノート（Guidance Note）を作成中であることも明らかにした。ISSBの基準が公表されたことに伴い、IFSBの作業が加速し当該指針ノート案がいずれ市中協議に付される、と予想される。

政策上の課題

イスラーム金融の研究者は、イスラーム金融をムスリム・ムスリマ（女性）のための特殊な金融サービス形態を超えて、より普遍的な意義を特定しようと努めてきた。サステナブルファイナンスの隆盛は、そのための絶好の機会を提供することになるかもしれない。

本稿ではサステナブルファイナンス政策につき、今後対処されるべき課題として、①イスラーム金融の基準設定機関による検討の加速と対外発信の積極化、および②通常金融の基準設定機関とイスラーム金融の基準設定機関の連携強化、の2つを提示する。

(1) 検討の加速と対外発信の積極化

一つ目は、主にイスラーム金融の基準設定機関の課題として、イスラーム金融がサステナブルファイナンスに後ろ向きだと思われかねない状況の克服である。ESG／SDGsの議論が欧州発で展開してきたことに鑑みれば、異なる地理・文化・歴史的な条件下にある中東や東南アジアのイスラーム教国との間で多少の温度差が生じることは避け難い。加えて、イスラーム教国の多くはアジアやアフリカの貧困国であるため[14]、それらの国々では、自然環境や労働者の権利を多少犠牲にしてでも、開発を続けようとする誘因が相対的に高いとしても不自然ではない。

イスラーム金融固有の制度的な制約もある。イスラーム金融では、個別の金融スキームがシャリーアに適合しているか否かは、シャリーア委員会と呼ばれるイスラーム法の専門家（ウラマー）で構成される機関が判断する。シャリーアの解釈には学派（マズハブ）や地域に応じて多様性があり、それぞれの立場が尊重されている。また、各国・地域における金融市場の規模、開放度合い、先進性等によっても、新たなイスラーム金融商品への許容度は異なる。

加えて、イスラーム教ではムハンマドが最後の預言者と位置付けられており、新たな啓示が示され得ない以上、まったく新しい教義の解釈を打ち出すことは認められない。[15] こうした事情がシャリーア適合性に関する判断の収斂を難しくしており、イスラーム金融にかかる規制や監督手法は標準化に馴染み難い。この結果、イスラーム金融の基準設定機関の役割は限定的なものにとどまっている。

しかし、イスラームの教義が根本的な部分においてサステナビリティの発想に反している、ということは考え難い。そもそも、環境汚染、人権侵害、不正等は、人為的に生じるものであり、人間の行動規範を見直すことが根本的な対処法となる。人間の心構えにかかる倫理的な問題には、計量的な分析よりも宗教に馴染む面がある。社会生物学の見地から遺伝子が利己的だと捉えた場合、人間は本来自らの生き残りと生殖のために、自らと親族の利益保護に縛られており、他の種族や他の人々のことを慮《おもんぱか》ることが難しいからである。

もちろんイスラーム教圏にも環境破壊、人権侵害等の問題は存在する。それでも、イスラームの教義は、強欲を戒め、喜捨（ザカート）[16]や寄進（ワクフ）を求めるなど、博愛・利他主義や長期的な思考を重んじる点で、ＥＳＧやＳＤＧｓと親和性が高い。しかも、

ＥＳＧ／ＳＤＧｓの発想がまだ新しく、国際的な共通理解が確立されていないのに対して、イスラームの教義に根差すイスラーム金融には、１４００年もの歴史に裏付けられた安定性という強みがある。

さらに、イスラーム金融はサステナブルファイナンスを牽引するポテンシャルさえ持っていると思われる。気候中立化等に伴う経済的コストを幅広いステークホルダーの間で分担する「公正な移行」の重要性が叫ばれる今日、サステナブルファイナンスを議論する上で、イスラーム金融の理念を参考にする意義は高いのではないだろうか。にもかかわらず、そうなっていない結果、国際社会全体にとって機会損失が生じている可能性もある。従って、イスラーム教国のＳＤＧｓ適合性に対する評価やそれに伴う国際社会の認識を改善することが望まれる。そのためには、何にも増して実際の行動が鍵となる。

この点に関して、ＩＦＳＢはサステナビリティに関する検討に着手していることを明らかにしているものの、ＡＡＯＩＦＩはサステナビリティに関する作業状況を明確には発信していない。ＡＡＯＩＦＩもアラビア語では発信している可能性はあるものの、英語で発信しなければ、グローバルに認知されることは難しい。いずれにしても、イスラーム金融

における サステナブルファイナンスの位置付けに関する検討および情報発信は遅れている、と言わざるを得ない。

持続可能な開発や成長といった目的に向けたイスラーム金融機関の貢献は本来期待される水準を下回っている、との評価はイスラーム金融の専門家の間でも多い。このため、ザカートやワクフのような慈善的な金融活動もＳＤＧｓのために十分活用されていないと考えられている。[17] イスラーム金融におけるサステナブルファイナンスの理念や手法を早急に確立し、イスラーム社会がＥＳＧに対して独自の観点から取り組んでいる、もしくは、少なくとも取り組む方針であることをより具体的に発信することが必要であろう。

実際のところ、ＥＳＧのうちとくに社会（Ｓ）の要素は、平等や相互扶助と関連するため、ザカートやワクフとよく合致する。もともとイスラーム金融はサステナブルファイナンスに先行して注目を集めていた社会的責任投資（ＳＲＩ）の発想を先取りしていると捉えられていた。[18] コロナ禍により社会的弱者がより窮地に立たされたとの見方が世界的に共有される中、格差の是正はこれまでにも増して重要な課題となっている。

行き過ぎた資本主義や市場万能主義に対する反省が求められている状況に鑑みても、イスラーム金融の知見に対する潜在的なニーズは高まっている。イスラーム金融の側からの発信は、通常金融の基準設定機関に対する建設的な貢献となろう。

一方、ESGの環境（E）の要素は比較的新しい課題であることもあって、今日のイスラーム金融にはまだ明確には取り込まれていない。これには、7世紀頃に編纂《へんさん》された『クルアーン』の中に、気候変動問題への対応等と直接結びつくような記載が少ないことも関係している。それでも、「秩序が定められた後、地上で悪を行ってはならない」（『クルアーン』第7章第56節）のように、サステナビリティの発想に通じるものは認められる。また、イスラーム教が誕生した砂漠地帯の特性を映じてか、水資源の平和的な共有や水質保全については、多くの啓示が記されている。

他方、ESGのガバナンス（G）の要素については、通常金融でも、EおよびSとの関係をどのように定義するかなど、検討はまだ初期段階にある。健全かつ独立性の高い取締役会や企業活動に関する十分な情報開示は、当該企業がEおよびSの要請に適切に応えていく上での前提となるものである。イスラーム金融が発展しているほとんどのイスラーム教国においては、コーポレートガバナンスは不十分との見方もある。[19]

(2) 通常金融とイスラーム金融の「基準設定機関」の連携強化

2つ目は、通常金融の基準設定機関とイスラーム金融の基準設定機関双方の課題として、両者の対等な協力関係の構築である。

現状、通常金融の基準設定機関はイスラーム金融を意識した基準を特段策定してはいないなど、通常金融側ではイスラーム金融との調和を図る作業が概して活発とは言い難い。これは、イスラーム金融が通常金融の派生形に過ぎないと位置付けられているほか、まだイスラーム金融資産が金融資産全体の1％程度しか占めておらず、グローバルな金融システムの安定確保の観点から特別に考慮する必要はないと認識されているため、と推測される。この結果、イスラーム金融の基準設定機関が通常金融の国際基準をイスラーム金融に取り込む、という一方的な関係が定着している。[20]

イスラーム金融の規制が標準化されていない状況では、規制の潜脱等により、金融機関間の公平な競争条件が損なわれるほか、金融システムが不安定化するリスクが大きくなる可能性もある。こうした中で、サステナブルファイナンスのような新たな潮流への対応を、いかにしてイスラーム金融の基準設定機関の作業に迅速に落とし込んでいくか、という課題が生じている。通常金融の基準設定機関が一般的にイスラーム金融に特別な考慮を払っていないということは、サステナブルファイナンスについても、イスラーム金融の基準設定機関が通常金融の国際基準を受け入れる展開を示唆する。

しかし、はたしてそれが正しい姿なのであろうか。むしろ通常金融がイスラーム金融のアプローチから学ぶこともあるのではないだろうか。イスラーム金融が非イスラーム教徒に完全に理解されることや主流派経済学の観点から合理性を説明することは難しいと言っても、そこにはムスリム・ムスリマ以外にも有益な普遍的価値観が認められる。具体的には、カルドハサン（福祉改善を目的とした原則無利子の短期融資）[21]やＥＳＧ関連のインパクトスクークがその表れである。

イスラーム金融は、公平や節度を重視するため、利益を上げるための過度なリスクテイクに対して保守的な立場をとってきた。世界的金融危機以降のグローバルな規制改革が目指してきた方向性（金融システムの安定、取引の透明性、市場の健全性、公平な競争条件の確保等）を内在的に獲得していた、と解釈することも可能である。これらは世界中の当局にとって新たな中心的課題の一つとなったサステナブルファイナンスにおける規制や監督のあり方に対しても、貴重な示唆を与えられると思われる。

前述のとおり、イスラーム金融の主たる利用者はムスリム・ムスリマである。大手米国調査機関によると、2015年時点のイスラーム教徒は世界人口の24・1％（約18億人）を占めている。同比率は、ムスリマの平均的な出生率の高さを主因として、2060年までに最大多数のキリスト教徒と匹敵する同31・1％（約30億人）に増加すると予想されている。世界各地で少子高齢化が深刻な課題となっている状況にあって、世界人口に占めるイスラーム教徒の比率上昇に伴い、グローバルな金融システムにおけるイスラーム金融の相対的な重要性も高まっていくことが予想される。

したがって、イスラーム金融の基準設定機関のアプローチを通常金融の基準設定機関での取り組みに反映するような関係性もあって然るべきである。イスラーム金融と通常金融の間で連携や協力を強化するとともに、それらを対等で双方向なものにしていく要請は今後、一層強まってくるのではないだろうか。

実質的な観点から、イスラーム法の目的であるマカーシドは、①信仰もしくは宗教の保護、②生命の保護、③子孫の保護、④知性の保護、および⑤物質的な富の保護、に大別される。[22]これに基づき、これら五つの目的は各ＳＤＧに次ページの表のようにそれぞれ対応している、と整理する立場もある。[23]

ここでは、気候変動問題（ＳＤＧ13）は、「生命および子孫の保護」というシャリーアのマカーシドに対応するものとして捉えられている。マカーシドを明確に意識したイスラーム金融は、プリンシプルベース[24]での規制の同等性評価といった通常金融におけるルールの調整手法と本質を共有していると思われる。

形式面でも、シャリーア適合を得るプロセスとグリーン認証を得るプロセスは大局的にみれば類似するといった点で、イスラーム金融とＥＳＧ投資には共通点がある。見方を変えれば、イスラーム金融の場合、金融スキームの適合性審査に関して通常金融よりも長い経験を有しているとも言え、これを強みとして打ち出していくことは検討に値するであろう。

SDGsに対応するシャリーア(イスラーム法)の目的

SDG番号	SDGs	シャリーアの目的
1	貧困をなくそう	生命の保護
2	飢餓をゼロに	生命の保護
3	すべての人に健康と福祉を	生命の保護
4	質の高い教育をみんなに	知性の保護
5	ジェンダー平等を実現しよう	子孫の保護
6	安全な水とトイレを世界中に	生命の保護
7	エネルギーをみんなに　そしてクリーンに	物質的な富および生命の保護
8	働きがいも経済成長も	物質的な富の保護
9	産業と技術革新の基盤をつくろう	生命および物質的な富の保護
10	人や国の不平等をなくそう	信仰もしくは宗教の保護
11	住み続けられるまちづくりを	生命の保護
12	つくる責任つかう責任	物質的な富の保護
13	気候変動に具体的な対策を	生命および子孫の保護
14	海の豊かさを守ろう	生命の保護
15	陸の豊かさも守ろう	生命の保護
16	平和と公正をすべての人に	信仰の保護
17	パートナーシップで目標を達成しよう	信仰および生命の保護

(出所)Saba,Khan and Jawed 2021

イスラーム金融の特性と展望

サステナブルファイナンスに関する議論は、通常金融でも方向性が定まっているわけではない。法域間で異なるルールが乱立し、公平な競争条件や市場の連結性が阻害される事態を回避する観点から、国際基準を策定する必要性がある。

例えば、仮に銀行等に対する健全性規制において、環境に配慮した資産に対して軽めの資本賦課を適用するとした場合、グリーンであっても信用リスクなどが高い資産への投資を拡大するインセンティブを銀行に与えることになるかもしれない。その結果、むしろ金融システムの安定が脅かされるような事態も考えられる。[25] 気候変動の銀行財務への潜在的な影響等について知見を深めた上で、幅広いステークホルダーの意見を聞きながら、慎重に検討すべきである。

今後の検討過程を通じて、イスラーム金融の特性を勘案することが、グローバルな金融システムの健全で包括的な発展に有益である。イスラーム金融には、ＥＳＧのＳの要素、とりわけ経済的平等の追求との内在的親和性が認められるにもかかわらず、イスラーム金融の基準設定機関による情報発信や通常金融の基準設定機関との連携は限定的である。本章では、ここから導かれる政策的な示唆を2つ提示した。両者の実現を通じて、イスラーム金融は、自らが発展するのみならず、通常金融に対して正の外部性をもたらすこともできるであろう。

とはいえ、前述のとおり、イスラーム金融の基準設定機関による基準設定機能は限定的である。したがって、金融サービスを超えて、より包括的なイスラームの解釈に関する取り組みが先行することが求められる。[26]具体的には、イスラーム協力機構[27]（ＯＩＣ）のシャリーア解釈機関であるFiqh Academy《フィクフアカデミー》の布告（ファトワー）を通じたマカーシドの今日的な文脈における明確化が欠かせない。

ここ数年、サステナビリティをめぐるグローバルな情勢は複雑に変化している。とくに2022年2月以降、ロシアによるウクライナ侵攻を背景に天然ガスなどの燃料価格が高騰した。これを受けて、気候変動対応に最も積極的な欧州でさえ石炭に回帰する動きが一部で出るなど、中期的な外部環境の展開を予測することは難しくなっている。それでも、サステナブルファイナンスを金融の主流に据えようとするグローバルな潮流は変わらないだろう。

通常金融では、タクソノミーや開示を礎として、銀行・資本市場・保険等のセクターごとに既存の規制体系にサステナビリティの観点を取り込む作業を進め、すでにいくつかの重要な報告書を公表している。

イスラーム金融でも、例えばＩＦＳＢは、バーゼル銀行監督委員会といった通常金融の基準設定機関の作業を踏まえつつ、気候変動リスクの管理にかかる銀行向け規制・監督の検討に着手している。とはいえ、第一の課題であるイスラーム金融の基準設定機関側による積極的な検討と発信は、第二の課題への対処の前提条件ともなるため、イスラーム金融の基準設定機関が早急に具体的な成果を公表することに期待したい。

本章では、国・地域ごとのイスラーム金融にかかる特性を捨象している。このことは分析上の大きな制約である。イスラーム金融におけるサステナブルファイナンスの取り組み状況を正当に評価するためには、少なくとも湾岸諸国、東南アジア、北東アフリカなど、主要なイスラーム地域の政策状況を個別に確認する必要があろう。

最後に地域的な気付きを一点、指摘したい。湾岸地域等中東のイスラーム教国のいくつかは世界でも有数の天然資源大国であり、それらの輸出収入を原資とする「ソブリンウェルスファンド（ＳＷＦ）」が潤沢な投資資金を保持している。この結果、低炭素社会を実現するためのインフラ・技術開発等に民間のリスクマネーを振り向ける必要性が欧米等と比べ相対的に低い、という事情も考えられる。

これを前提とすれば、中東のイスラーム教国においては、公的ファイナンスをＥＳＧ／ＳＤＧｓに適合させることの方が民間投資をこれらに適合させることよりも優先課題であるかもしれない。

コラム**5**

スークでの想い出

イスラーム教国には、人々の活気を強く感じる場所が多い。その最たる例がスーク（市場）である。雑多な人々が狭く薄暗い路地をせわしなく往来したり大声を掛け合ったりしていて、一種混沌とした神秘的な雰囲気がある。

それは私が初めてイスラーム教国と仕事上の関係を持った30歳代半ばのこと。サウジアラビアのジェッダに向かう途中、フライトのキャンセルによりカイロで思いがけず足止めを食らった。航空会社の職員と必死に交渉した結果、なんとか市内のホテルに収容して貰えることになり、正式な入国手続きを省略するため、パスポートを航空会社に預けることになった。

翌朝、ホテルの前で航空会社の手配したバスに乗り込むと、すでに大勢の人が座っていた。なぜかバスは空港とは異なる方向に進んでいる。そのことに気付くとほぼ同時に、運転手が何やらアラビア語で説明したのだが、これがまったく分からない。そうこうしているうちに、バスは広場の前で停まった。すると他の乗客は次々にバスを降りて荷物をピックアップし、バラバラの方向へ歩き出して行く。あれよあれよという間にバスはその場から去り、他の乗客も五つ六つの集団に分かれて遠ざかり、私は一人その場に取り残されていた。このままではマズイ。辛うじて視界に残っていた集団の一つに合流すると、なにやらドヤ街のようなところに入っていく。ひといきれとスパイスの香りが充満したオレンジ色の世界。ゴトゴトとスーツケースを引っ張りながら最後尾に付いて行くと、集団はやおら歩みを止めた。

目の前には小さな格子付きのカウンターがあり、その奥で裸電球に照らされた老婆が丸椅子に座っていた。集団の一人が老婆に話しかけると、老婆は立ち上がって、壁際に乱雑に積み上げられた直方体の物の山を探り始めた。やがてそこから一つを抜き取ると、戻ってきて目の前の机に置いた。その瞬間、老婆の背後に積み上げられていた物体が輪ゴムで束ねられた色とりどりのパスポートであることに気付いた。老婆が何やら大声を出している。すると、集団から一人が歩み出て、窓口で老婆からパスポートを一冊受け取った。受け渡しは進むが、私の名前は呼ばれない（もしくは呼ばれた気がしない）。大変なことになったと呆然としながら、老婆に「カ～ニ～コ～」とアラビア語表記の発音を意識して名前を伝えた。老婆は黙ってパスポートの山に戻っていった。

すでに周りにバスの乗客は残っていない。ここで私のパスポートが保管されている確率の低さやこの老婆に自分の名前のスペルをどう伝えたらよいのか、パスポートの再発行に向けまず何をするべきか、といったことを考えていると、目の前にポンと私のパスポートが置かれた。

1　正式名称はSustainable Development Goals。２０１５年９月の国連サミットで採択された17のゴールおよび１６９のターゲットにより構成。

2　欧州委員会は、持続可能な経済活動やプロジェクトにより多くの長期資金を振り向けるべく、金融セクターの投資決定に際してＥＳＧを考慮するプロセスと定義している。

3　従来から企業の社会的責任（CSR）や社会的責任投資（SRI）の文脈で議論されてきた。具体的には、差別・偏見、児童労働・強制労働等の基本的人権や平等の侵害が問題にされることが多い。

4　あらかじめ定めた基準を満たさない銘柄を投資対象から除外する手法。

5　投資家が議決権後、対話を通じて発行体に働きかける手法。

6　資産価値評価や銘柄選択にESGの観点を取り入れる手法。

7　グリーンとプレミアムを合わせた造語。グリーンボンドなどのESG関連債券の利回りが同様の条件の普通債の利回りを下回る（価格は上回る）状況を指す。

8　銀行、資本市場および保険にかかる金融規制・監督のコンベンショナルな基準をシャリーア（イスラーム法）原則と整合的な形で取り入れることなどを目的として、2002年にマレーシアの首都クアラルンプールに設立された。57法域に及ぶ81の当局、96の市場参加者および10の国際機関が加盟している。

9　シャリーア、会計、監査、倫理、ガバナンスなどにかかる基準の策定等を目的として、1991年にバハレーンの首都マナーマに設立された。45か国以上の中央銀行、規制当局、金融機関、会計事務所等が加盟している。

10　個別経済活動ごとのサステナビリティ評価のほか、リスト型か原則型か、という違いもある（ちなみに、EUタクソノミーは評価原則を示した上でリスト化）。さらに、評価段階については、グリーン（適合）もしくはレッド（不適合）で二分したり、両者の間にアンバー（移行）を加えて三分したり、といった細かな類型がある。

11 とはいえ、ジェンダーの関係に関して、『クルアーン』は「男は女の擁護者（家長）である。それはアッラーが、一方を他よりも強くなされ、かれらが自分の財産から（扶養するため）、経費を出すためである。それで貞節な女は従順に、アッラーの守護の下に（夫の）不在中を守る。あなたがたが、不忠実、不行跡の心配のある女たちには諭し、それでもだめならこれを臥所に置き去りにし、それでも効きめがなければこれを打て。それで言うことを聞くようならばかの女に対して（それ以上の）ことをしてはならない。本当にアッラーは極めて高く偉大であられる。」と記している。なお、本章における『クルアーン』の日本語訳（厳密には注釈）はすべてTanzil Quran Navigator（https://tanzil.net）による。

12 ただし、AAOIFIはCSRに関するタクソノミーを構築しており、これがESGにおけるEやGの要素を包含する形でサステナブルファイナンスのタクソノミーに発展していくことは想像できる。

13 銀行向け基準（IFSB－22）およびタカーフル会社向け基準（IFSB－25）を指す。

14 世界銀行等は、OIC加盟国のうち21か国を後発開発途上国（LDC）に区分している。

15 法律家がその能力から可能な限りの法的見解を探究する精神的努力はイジュティハードと呼ばれる。9世紀には、もはやあらゆる本質的な疑問は十分に議論され尽くし最終的な決着が図られた下で、法について独自の推論を行なうのに不可欠の資質を備えた者がいなくなった結果、今後は、教義の説明、適用、もしくは先例に完全に忠実な解釈しか行ない得ない、というある種の合意がウラマーの間で形成されるようになった。このようにイジュティハードの活動がウラマーたちの合意によって停止したことは、一般的に「イジュティハードの門の閉鎖」と呼ばれる。

16 一定の閾値（ニサーブ）を超える所得に対しては、拠出が義務付けられているため、事実上の富裕税に相当する。一方、自発的な喜捨はサダカと呼ばれる。

17 この理由として、ザカートに関しては、個人的に実施されており資金フロー統計で捕捉されていない部分が大きいこと、ワクフに関しては、管理が非効率であること、がそれぞれ指摘されている。

18 こうしたイスラーム金融の形態は「イスラミック・ソーシャルファイナンス」と呼ばれている。この定義はまだ確立されていないものの、ザカート、ワクフおよびサダカが該当することで概ね見解は一致している。一方、イスラミック・マイクロファイナンスやマイクロ保険（タカーフル）については、利潤獲得を企図した金融サービスであるとの理由で、ここから除外する見方がある。

19 そもそも、通常金融におけるコーポレートガバナンスが取締役会、報酬、所有権、会計といった特定の実務的な側面に着目しているのに対して、シャリーアは全体的かつ構造的にガバナンスを捉えており、両者のアプローチは異なる、と考えられている。

20 ＩＦＳＢは、通常金融の国際基準がイスラームの特性に対応できているか否かを評価することが基本的な作業方針である、と明らかにしている。

21 貸し手は手数料を取ることが認められる。また、実務においては、借り手が感謝の証として元本に上乗せした額を任意で支払うこともある。

22 Laldin, Mohamad Akram and Fares Djafri. 2021."The Role of Islamic Finance in Achieving Sustainable

Development Goals（SDGs）"Islamic Finance and Sustainable Development.（ed.）M. Kabir Hassan, Mehmet Saraç, Ashraf Khan. 107-126. Palgrave Macmillan.

23 Saba, Irum, Ashraf Khan and Haneeah Jawed. 2021."Islamic Finance and SDGs: Connecting Dots" Islamic Finance and Sustainable Development.（ed.）M. Kabir Hassan, Mehmet Saraç, Ashraf Khan. 55-76. Springer.

24 金融庁が示す、金融機関が尊重すべき原則・規範。

25 欧州の銀行業界にはグリーンディールに協力する誘因としてこうした優遇措置を求める向きが強い。仮にこれが一部の国だけで導入されれば、他の国・地域との間で公平な競争条件が阻害されることにもなりかねない。

26 イスラームの教義では、豚肉食や金利の禁止のように具体的に明示されているものは比較的少なく、どちらかと言えば抽象的・観念的な禁忌が多い。このことも、こうした作業の必要性に繋がっている。今後の対応として、例えば、ザカートの対象は伝統的には家畜であるものの、これを金銭に置き換えるといった今日的な対応が提唱されている。なお、Fiqh Academyは「イスラームの観点からの環境と環境保護」というファトワーにより、環境破壊等を批判している。

27 イスラーム教国間の協力強化全般を担う国際機関。本部はサウジアラビアのジェッダに所在。前身は１９６９年に創設されたイスラーム諸国会議機構(Organization of the Islamic Conference)。２０１１年に現在の名称に変更。本稿執筆時点の加盟国数は57。

第5章

脱炭素潮流とイスラーム世界のエネルギー転換

近藤重人
一般財団法人 日本エネルギー経済研究所
中東研究センター主任研究員

いま世界では気候変動対策を強化すべきという機運が高まっています。とくに2018年、世界の気候変動分野の研究者で構成される「気候変動に関する政府間パネル（IPCC）」が、遅くとも2050年までに世界における温室効果ガスの排出量の実質ゼロ（ネットゼロ、カーボンニュートラル）を達成できなければ、地球環境に重大な影響が出る、と警告しました。それを受けてネットゼロ目標を発表する国が続出しました。「気候変動」はもともと「地球温暖化」と呼ばれてきましたが、気候変動は地球温暖化による気温上昇だけでなく、それによって引き起こされるさまざまな気候の変化も含んだ、より広い概念です。じつは中東・北アフリカを含めたイスラーム世界は、世界の中でももっとも気候変動の影響を受ける地域であるという報告も見られています。

地球温暖化を抑えるためには、経済活動などで排出される二酸化炭素などの温室効果ガスの排出量を削減することが重要ですが、近年はその重要性がとくに産業界でも強く意識されるようになっています。例えば第4章で議論されたように、金融の世界ではサステナブルファイナンスという概念が広まり、二酸化炭素の削減、つまり脱炭素を意識しなければ、資金調達もままならなくなってきたのです。

イスラーム世界はこうした脱炭素潮流と無縁ではありません。なぜなら、イスラーム世界には石油、天然ガスといった、二酸化炭素を多く排出する化石燃料に依存した国が多くあるからです。もし脱炭素戦略の結果として世界の化石燃料の使用量の削減が求められれば、彼らの経済に負の影響を与えかねません。そのため、イスラーム世界の中には脱炭素潮流を警戒する声が強くあることも事実です。

他方で、イスラーム世界の中には、むしろこの脱炭素潮流をチャンスと捉え、積極的に再生可能エネルギーや水素などの開発に取り組み、化石燃料からのエネルギー転換を国内で進めている国もあります。２０２３年に第28回国連気候変動枠組み条約締約国会議（COP28）を開催したアラブ首長国連邦（UAE）がその代表例です。

この章では、まず気候変動がイスラーム世界に与える影響について確認し、その上で脱炭素潮流におけるイスラーム世界の位置について確認します。そして、イスラーム世界がどのような態度で脱炭素潮流に対して向き合っているかについて詳しく検討します。

そして最後に、イスラーム世界が具体的にどのようなエネルギー転換を行なっているかを概観します。

脱炭素潮流とイスラーム世界

2018年のIPCCによる報告書以来、世界では2050年のネットゼロの達成に向けた機運が高まっていきますが、その動きを先導したのが欧州でした。とくに英国は2019年6月に2050年のネットゼロの達成を法制化し、EUも2020年3月に政策文書で2050年までのネットゼロの達成を掲げました。10年遅れの目標年ではありましたが、2020年9月に中国が国連で2060年のネットゼロの達成を目指すと表明したこともインパクトがありました。

日本の菅政権（当時）も、2020年10月に2050年のカーボンニュートラルを目指すと表明しました。カーボンニュートラルとは、二酸化炭素（カーボン・ダイオキサイド）を主とした温室効果ガスの排出量を、森林による吸収や二酸化炭素回収技術などによって差し引きゼロにするということですので、ネットゼロと同じ意味です。

イスラーム世界でネットゼロ目標発表の動きが出るのは2021年に入ってからです。これには二つの背景がありました。一つが2021年1月の米国におけるバイデン政権の

イスラーム諸国のネットゼロ目標

国名	ネットゼロ目標	目標発表年月
インドネシア	2060年	2021年7月
マレーシア	早ければ2050年	2021年9月
トルコ	2053年	2021年9月
UAE	2050年	2021年10月
サウジアラビア	2060年	2021年10月
バハレーン	2060年	2021年10月
モロッコ	今世紀中	2021年12月
オマーン	2050年	2022年10月
クウェート	2060年	2022年11月
パキスタン	なし	
バングラデシュ	なし	

「Climate Watch, Net-Zero Tracker」より作成

発足で、同政権は気候変動対策に高い優先順位を置きました。同年4月には世界のリーダーを集めた「気候変動サミット」を開催し、世界各国に野心的な気候変動対策目標を掲げることを促しました。もう一つが2021年10〜11月の英国における第26回気候変動枠組み条約締約国会議（COP26）です。英国はすでに述べたとおり、世界の主要国の中でもっとも早くネットゼロ目標を掲げた国であり、英国は世界各国に対してネットゼロ目標の発表を促しました。

こうして2021年は世界にとって「気候変動対策の年」のようになり、イスラーム世界も次々とネットゼロ目標を表明していきま

した。

まずインドネシアが2021年7月に2060年のネットゼロ目標を掲げ、マレーシアは早ければ2050年にネットゼロを達成すると首相が発言しました。トルコは同年9月に2053年のネットゼロ目標を発表しました。[1]

10月に入ると湾岸諸国も次々とネットゼロ目標を発表します。まずUAEが2050年、次にサウジアラビアとバハレーンが2060年のネットゼロ目標を発表しました。そして1年遅れますが、2022年10月にはオマーンが2050年、クウェートが2060年のネットゼロ目標を発表しました。

このように、イスラーム世界の主要国の多くはネットゼロ目標を発表しました。他方で、パキスタンやバングラディシュなど、まだそれを発表していない国々も多くあります。そこで、次にイスラーム世界のそれぞれの国の事情について詳しく見ていきましょう。

化石燃料に依存するイスラーム世界

イスラーム世界は化石燃料に依存する国々が多くあります。石油の大輸出国であるサウジアラビアやＵＡＥ、ガスの大輸出国であるカタールがその代表例です。これらの国々はまだ産業の多角化が十分に進んでいないことから、今後も化石燃料の輸出から得られる収入に依存していくことが予想されます。

例えば、サウジアラビアは２０１６年に「ビジョン２０３０」という経済改革構想を発表し、経済多角化を目指してきていますが、依然として石油依存体制から脱却できていません。たしかに非石油経済も少しずつ成長してきていますが、同国の経済は原油価格と原油生産量に大きく左右されています。同国は観光、鉱物資源の開発、ＩＴ、ＥＶなどの分野を将来有望な成長産業と見込んでいますが、それらが一大産業として成立するか否かは定かではなく、成立するとしてもまだ先のことでしょう。

早くから石油産業以外の産業振興に取り組んできたＵＡＥは、サウジアラビアよりも脱炭素潮流に対する耐性ができていると言うことができます。例えばドバイは中東地域の金融、物流などの中心であり、そうした部門のＧＤＰに占める割合が比較的高くなっています。

しかし、これらの国々でいくら非石油産業が振興されたとしても、石油産業に代替することはなかなか困難と言わざるを得ません。例えばサウジアラビアの原油生産コストは1バレルあたりわずか3ドルくらいとされており、世界最低水準です。また、UAEではドバイの経済多角化が注目を集めていますが、結局は石油収入が豊富なアブダビに経済で依存しているという構造は否定しきれません。

カタールについては、天然ガスが石油よりもクリーンなエネルギー源として有利な地位にあると踏んでいるためか、特段目立った経済多角化政策は進めていません。むしろ天然ガス供給量を増大させるための投資を行なっているくらいです。

このように化石燃料を輸出する国々の間では、化石燃料を少なくとも輸出商品として放棄するという発想はまったくなく、むしろ今後も経済・財政の大黒柱として、化石燃料の輸出を位置付けていく方針です。

他方で、別の意味で化石燃料に依存するイスラーム世界の国々も多くあります。インドネシア、パキスタン、バングラディシュといった人口の多い発展途上の国々で、これらの国々は化石燃料の消費に依存しています。いずれも気候変動の交渉グループの中では「同志発展途上国（Like-Minded Developing Countries: LMDC）」に属しており、気候変動の責任は先進国にあるという姿勢を堅持しています。

ＬＭＤＣの中ではインドネシアが２０６０年のネットゼロ目標を掲げていますが、これは２０５０年目標を掲げた先進国よりも、より長く化石燃料の使用が許されるべきだという主張からきています。ちなみに意外なところでは、同じく２０６０年目標を掲げているサウジアラビア、クウェートもＬＭＤＣのメンバーであり、同年はＬＭＤＣの標準的な目標年になりつつあります。

悪いのは「炭素」ではなく二酸化炭素の「排出」

こうした中、イスラーム世界の一部からは、欧州主導で進んできた脱炭素潮流に対するアンチテーゼが示されました。それが、サウジアラビアが２０２０年にＧ20サミットで提起した「炭素循環経済（Circular Carbon Economy: CCE）」という考え方です。

これは簡単に言うと、悪いのは炭素化合物である化石燃料ではなく、その燃料によって排出される二酸化炭素であるという考え方です。つまり、二酸化炭素が排出されない限り、化石燃料の使用を控える必要はまったくないと主張したのです。

通常、化石燃料は燃焼すると二酸化炭素を排出します。しかし、その二酸化炭素を回収し、それを石油ガス層に注入したり、化学製品の原料にしたり、コンクリートに注入したりすれば、大気への排出量はゼロになり、気候変動の原因とはならないのです。

ＣＣＥは「４つのＲ」を軸にした考え方で、削減（Reduce）、再利用（Reuse）、リサイクル（Recycle）、除去（Remove）の英語の頭文字を取っています。つまり、化石燃料の消費量を省エネルギーや、再生可能エネルギーや原子力の導入によって削減するだけではなく、化石燃料の燃焼によって生じた二酸化炭素を回収し、それを再利用・リサイクルし、また大気中にある二酸化炭素も除去するという考え方です。

中でも、回収した二酸化炭素を油田・ガス田に注入すれば、油田・ガス田の圧力が増し、石油や天然ガスの回収効率が向上します。これを増進回収法（ＥＯＲ）と言い、環境対策だけではなく経済効果も見込まれるとして、すでにサウジアラビアのウスマーニーヤ油田などで実証実験が行なわれています。

その他の技術についてはコスト面で課題の残るものが多いですが、仮にＣＣＥの描く経済が実現すれば、化石燃料の使用を控えることなく世界の二酸化炭素の排出量は大きく減

炭素循環経済（CCE）の概念図

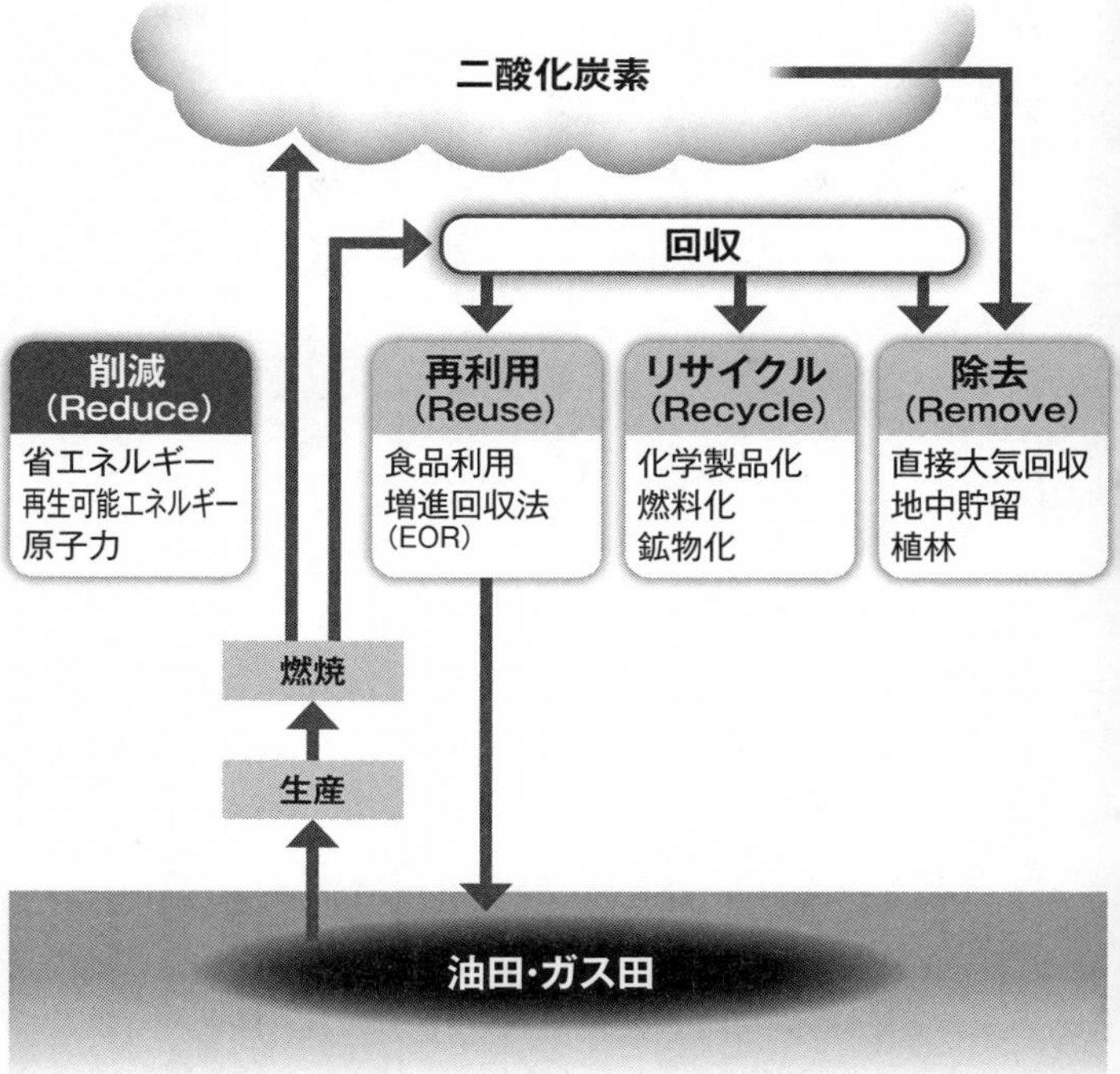

"Circular Carbon Economy," Adam Sieminski, International CCUS and Hydrogen Symposium, hosted by Ministry of Environment, Japan, March 12, 2021, p.10 より作成

少することになります。サウジアラビアはこの考え方に将来を賭けています。

ＣＣＥは「化石燃料＝悪」という認識の下で気候変動に関する議論を進めてきた欧州にとって、強力なアンチテーゼになりました。欧州は、二酸化炭素の完全な回収は無理であり、またコストも高いなどとして、この議論をほとんど無視していますが、サウジアラビアはさまざまな場でこのＣＣＥの有用性を主張しています。今後もＣＯＰをはじめ多くの場でこの議論の正当性を主張していくでしょう。

サウジアラビアとＵＡＥの脱炭素政策

２０２３年にＣＯＰ28を開催したＵＡＥも、この化石燃料は悪くないというサウジアラビアの主張に共鳴していますが、両国の気候変動対策の間には微妙な差があるのも事実です。

例えば、サウジアラビアがネットゼロの達成年を２０６０年にしているのに対し、ＵＡＥは２０５０年という欧州・日本並みの目標を掲げています。この背景には、ＵＡＥはサウジアラビアよりも早く国内のエネルギー転換を達成できるという自信があります。

ＵＡＥも石油輸出が今後もしばらくは同国の経済・財政の柱である状態は同じですが、サウジアラビアよりも現金化を急いでいます。そのため、ＵＡＥの国営石油会社ＡＤＮＯＣは、現行の石油生産能力が日量４００万バレル強と見られている中、２０２７年までに日量５００万バレルへと大幅に引き上げようとしています。これは、同年までに現行の日量１２００万バレルを１３００万バレルまで増強しようとしているサウジアラビアの国営石油会社サウジアラムコよりも早いペースと言えます。

国営石油会社のネットゼロ目標でも両国で差が見られます。ＡＤＮＯＣは２０４５年を企業としてのネットゼロ目標の達成年として定めましたが、サウジアラムコの場合は２０５０年です。

では何がＵＡＥの自信の源となっているのでしょうか。ＵＡＥはイスラーム世界の中ではもっとも早く脱炭素社会への移行を見据えた布石を打ってきました。例えば、２００６年にはアブダビ未来エネルギー会社、通称「マスダル」という企業を設立しています。２００６年といえば原油価格が上昇していた時期ですが、その富に甘えることなく、次の一手を打っていたのは、先見の明があったのだと思います。

マスダルはアブダビに「マスダル・シティ」という持続可能都市を建設し、2009年には国連再生可能エネルギー機関（IRENA）の本部の誘致に成功しました。サウジアラビアが2017年に構想を発表したゼロカーボン都市NEOMも、マスダル・シティに影響を受けた面があったと考えられています。

UAEはまた、原子力発電の導入でもサウジアラビアに先行しています。UAEは2008年に原子力導入への意欲を表明、翌年に米国との間で原子力協定を締結し、米国の技術による原子力開発が可能になりました。そして同年から米国の技術を用いた韓国企業が原子力発電所の建設を開始し、2021年には1号機が営業運転を開始しました。

サウジアラビアも長らく原子力発電への関心を示してきましたが、米国との原子力協定がその障害になってきました。

UAEは協定の中でウラン濃縮や使用済み核燃料の再処理の権利を見送りましたが、核兵器開発疑惑のあるイランとの対抗上これらの権利を放棄したくないサウジアラビアは、米国との協定でこれらの条件が課されることに抵抗しており、協定が妥結する目途はまだ立っていません。

脱炭素政策の裏で石油輸出は拡大

ところで、サウジアラビアやＵＡＥなどの脱炭素戦略を見る上で重要なことがあります。それは両国とも国内の脱炭素化のみを目標として掲げており、国境の外については触れていないという点です。

これは当たり前のことのように思えるかもしれませんが、企業ではその操業によって排出された二酸化炭素など（Scope1,2）に加え、その企業が販売した製品によって排出された二酸化炭素など（Scope3）もその企業の排出量とする考え方があります。両国はこの考え方に沿っていないということになります。

つまり、サウジアラビアもＵＡＥも大量の原油や石油製品を世界に輸出しており、それが消費国で燃焼されることにより、多くの二酸化炭素が排出されていますが、その分については気にしていないのです。

じっさい興味深いことに両国の脱炭素政策を見ていくと、国内の発電構成に占める化石燃料の割合を下げようとする一方、石油の輸出はむしろ増加させようとしています。例えばサウジアラビアでは、２０２０年で電源構成に占める石油の割合が４割を超えていますが、これを２０３０年までに再生可能エネルギーに代替させ、節約された石油は輸出に回そうとしています。

このように、国内では脱炭素化が進みますが、国外では自国の石油消費の拡大を狙っているという逆説的な状況が現れているのです。

じっさいのところ、いまは脱炭素化によって国際石油会社などが石油への投資を控えていますので、サウジアラビアやＵＡＥによる石油輸出量の増加は原油市場のバランスを保つ上で重要な役割を果たしています。むしろ、サウジアラビアなどは、それだけでは将来の原油市場のバランスが保てなくなるとして、欧米の石油企業に対しても増産を呼びかけています。このことからも、脱炭素政策を遂行しつつもサウジアラビアやＵＡＥは石油輸出を増やそうとしていることがわかります。

イスラーム世界のエネルギー転換

それではこの章の最後に、イスラーム世界における具体的なエネルギー転換の動きについて見ていきたいと思います。

エネルギー転換（エネルギー・トランジション）とは、従来の化石燃料に依存する経済から、再生可能エネルギーなど、二酸化炭素を排出しない新たなエネルギーに依存する経済に移行していくことを、基本的には意味しています。

しかし、「悪いのは『炭素』ではなく二酸化炭素の『排出』」の節で触れたように、サウジアラビアは再生可能エネルギーだけでなく、水素、二酸化炭素の回収・利用・貯留、省エネルギーなども重要であると主張しています。

そこで、この項では再生可能エネルギーの導入拡大だけでなく、水素の開発や二酸化炭素の回収・利用・貯留、省エネルギーなどの動向についても、イスラーム世界を題材に見ていきたいと思います。

(1) 再生可能エネルギー

中東・北アフリカ地域は世界でもっとも日照条件に恵まれた国々であり、太陽光発電の潜在性はとても高いです。中でも中東の湾岸地域では、豊富な資金力を有する地元企業の積極的な参入も相まって、太陽光発電プロジェクトの入札では激しい競争が展開され、その落札額は、世界最低価格を更新し続けています。このことから、この地域は世界でもっとも安いコストで太陽光発電を行なえる場所であることが証明されています。

サウジアラビアでは、2030年までに発電構成の5割を再生可能エネルギーとし、太陽光発電40GW（ギガワット）を含めて58・7GWの再生可能エネルギーを開発しようとしています。

UAEも同年までに14・2GWの再生可能エネルギーを開発しようとしているほか、米国と協力して2035年までに国内外で100GWの再生可能エネルギーを中心としたクリーンエネルギーを開発する意向も示しています。

こうした再生可能エネルギーの開発において地元企業の存在感が非常に大きいことも特徴的です。

例えば、UAEには前述した「マスダル」、サウジアラビアには「アクワ・パワー」という再生エネルギー開発の大手企業がありますが、両者は所有形態も似ており、前者はムバーダラというUAEの政府系投資ファンドの子会社、後者はサウジアラビアの公的投資

中東における太陽光発電プロジェクトの落札額

年	国・首長国	プロジェクト	最大出力 (MW)	売電価格 (US¢/kWh)
2016	UAE	Sweihan	1,170	2.42
2020	カタール	Al Kharsaah	800	1.57
2020	UAE	Al Dhafra	2,000	1.35
2021	サウジアラビア	Sudair	1,500	1.24
2021	サウジアラビア	Al Shuaiba	600	1.04

各種資料より作成。MWはメガワット、kWhはキロワットアワー

基金（PIF）が5割の株式を保有しています。両社は中東の内外で多くのプロジェクトを受注しており、まさに再生可能エネルギーがサウジアラビアやUAEの国策になっているとも言えます。

東南アジアでも再生可能エネルギーの導入は進められています。

例えばインドネシアでは、2021年から2030年までの10年間で発電容量を40・6GW追加し、その約半量である20・9GWを再生可能エネルギーが占める計画です。マレーシアも再生可能エネルギーの発電容量を2040年までに約18GWまで拡大させる計画を有しています。

(2) 水素

水素は燃焼しても二酸化炭素を排出しないクリーンエネルギーですが、自然界にほとんど存在しないため、人工的に生成する必要があります。そこには主に二つの生成方法があり、一つ目の方法は再生可能エネルギー由来の電力を利用して、水を電気分解して水素を取り出すという方法です。この方法でできた水素のことを、「グリーン水素」と言います。グリーン水素は生成過程でまったく二酸化炭素を排出しないため、もっともクリーンな水素と考えられています。

次に、天然ガスから水蒸気改質という方法によって水素を得る方法があります。しかし、この方法だけだと二酸化炭素が排出されてしまうため、二酸化炭素を回収し、それを再利用したり貯留したりする仕組みを合わせる必要があります。この方法によって生成された水素のことを「ブルー水素」と言います。ブルー水素は生成過程で生じた二酸化炭素の大部分が回収されるため、クリーンな水素ですが、それでも若干の二酸化炭素の排出は残ってしまうため、最近では「低炭素水素」と呼ばれるようになっています。

中東・北アフリカ地域ではこの二つのクリーン水素の生産計画が目白押しであり、将来的に水素の一大輸出地域になると予想されています。

例えば、サウジアラビアは「サウジ・グリーン・イニシアティブ」という構想の中で、2030年までに年間400万トンのクリーン水素を生産する目標を掲げています。そのうち300万トンがブルー水素、100万トンがグリーン水素です。ブルー水素は天然ガスなどの化石燃料由来の水素のため、サウジアラビアのような化石燃料産出国にとっては製造しやすいのです。

UAEも2031年までに年間140万トン、2050年までに年間1500万トンの水素を生産し、世界最大の水素生産国の一つになることを目指しています。UAEはサウジアラビアと同様、ブルー水素もグリーン水素も両方とも力点を置いています。日本はブルー水素の製造においてサウジアラビア、UAEと幅広い協力関係を築いています。

意外なところでは、オマーンも水素生産の潜在性が高いと認識されています。オマーンは湾岸諸国の中では原油の可採年数（埋蔵量を年間の生産量で割った数字）が短く、サウジアラビアやUAEなどよりも早く原油が枯渇すると見られています。そのため、次世代のエネルギーとして水素に注目してきました。とくに太陽光など再生可能エネルギーを利用したグリーン水素の生産に意欲的であり、欧米企業などと協力を深めてきました。

北アフリカに目を移すと、エジプトやモロッコなどもグリーン水素の潜在的な生産大国として注目されています。これらの国々は日照に恵まれているだけでなく、水素の大消費地になると予想される欧州と近いため、グリーン水素の生産プロジェクトが相次いで立ち上がっています。

(3)二酸化炭素の回収・利用・貯留

二酸化炭素の回収・利用・貯留とは、発電所や工場などで発生した二酸化炭素を回収し、それを化学製品化するために利用したり、あるいは地中に貯留したりすることです。英語の頭文字を取って、一般にCCUS（Carbon Capture, Utilization, and Storage）と呼ばれ、脱炭素化の鍵となる技術として、イスラーム世界でも注目を集めています。

サウジアラビアが回収した二酸化炭素をウスマーニーヤ油田に注入したという事例についてはすでに触れましたが、同国はこうした動きを今後も拡大させていこうとしています。同国のエネルギー大臣は2022年に、2027年までに年間900万トンの二酸化炭素を貯留するという目標を掲げました。また、同国は2035年までに年間4400万トンのCCUSを実現するという方針も示しました。

東南アジアのイスラーム諸国でも、CCUSに関する動きが見られます。日本企業も関わる形で、2021年にはインドネシアでCCUSに向けた事業化調査が開始されました。2023年にはマレーシアにおいても、日本企業が二酸化炭素の貯留に関する事業化調査などを行なっています。

(4) 省エネルギー

エネルギーの使用量を削減する省エネルギーも、それによって二酸化炭素の排出を削減することが可能になるため、広い意味でのエネルギー転換の一部を構成すると言えるでしょう。日本は従来、省エネルギーの分野では世界を先導する位置にありました。そして現在は、2国間クレジット制度という日本政府主導の制度枠組みを利用して、イスラーム世界の省エネルギーに貢献しています。

例えばサウジアラビアでは、旧式の水電解装置を最新式に交換し、使用電力の削減に貢献しました。またインドネシアは、日本が2国間クレジット制度の元でもっとも多くの協力案件を有する国で、省エネルギーに関する案件も多く含まれます。

このように、再生可能エネルギーや水素の開発計画を含め、イスラーム世界ではエネルギー転換に向けた動きが多く見られます。しかしその一方で、依然として輸出または消費という形で、なかなか化石燃料を捨てられない国が多くあることも分かりました。今後、脱炭素潮流は強まることはあっても弱まることは考えられない中、イスラーム世界がどのようにこの化石燃料とエネルギー転換のバランスを取っていくのかが注目されます。

コラム6

気候変動のイスラーム世界への影響

イスラーム発祥の地を含む中東・北アフリカ地域は、世界でもっとも水資源が希少な地域ですが、気候変動によって水不足がさらに悪化する可能性もあります。例えば国連西アジア経済社会委員会（ＥＳＣＷＡ）が２０１７年に発表した報告書によると、世界が気候変動対策を怠った場合、北アフリカのアトラス山脈や、トルコ、シリア、イラクなどを流れるティグリス川・ユーフラテス川の流域で、今世紀末までに年平均降雨量が90㎜から１２０㎜減少すると予想しています。[2]

こうした降雨量の減少は、例えば北アフリカの農業生産に深刻な影響を与えるでしょう。また、トルコとシリア、イラクの間では、いまでもティグリス川・ユーフラテス川の水資源をめぐって対立が見られますが、それが河川の水量の減少によってさらに先鋭化していくことが危惧されます。

気温上昇も大きな問題です。イスラーム世界は夏季に高温となる地域が多いですが、世界が気候変動対策を怠った場合、例えばアラブ世界の一部では今世紀末までに最大で5度ほども気温上昇する可能性が指摘されています。[3]また、2022年にパキスタンを激しい熱波が襲い、人々の生活に大きな深刻な影響を与えたことも記憶に新しいと思います。

異常気象も重大な問題です。降雨量が過度に減れば干ばつの原因となり、反対に過度に増えれば洪水の原因となります。また、海面上昇は海抜の低い部分に人口が密集するインドネシアの首都ジャカルタや、バングラデシュやエジプトの河川の河口部にあたるデルタ地帯の住民に大きな影響を与えることが予想されます。

次ページの表は、米国のノートルダム大学のデータで、イスラーム世界の代表的な国々が、どれほど気候変動に対して脆弱であるかをランキング形式で示しています。順位が下がるほど脆弱性が高いことを意味しています。これを見ると、トルコやクウエートを含めた湾岸諸国が比較的気候変動への耐性がある一方、スーダン、アフガニスタン、イエメンなどは脆弱であることがわかります。
気候変動に対して脆弱な国は往々にして経済力も弱く、これらの国々への経済支援もますます重要になっていると言えそうです。

イスラーム世界の気候変動への脆弱性
（順位が下がるほど脆弱性が高い）

順位	国名
38	トルコ
40	クウェート
46	カタール
49	マレーシア
50	ヨルダン
53	UAE
61	アルジェリア
64	モロッコ
65	イラン
83	レバノン
84	サウジアラビア
89	オマーン
93	エジプト
103	インドネシア
104	バハレーン
105	イラク
120	シリア
150	パキスタン
156	バングラデシュ
159	イエメン
174	アフガニスタン
178	スーダン

（資料）Notre Dame Global Adaptation Initiative（https://gain.nd.edu/our-work/country-index/rankings/）より作成

コラム7

宇宙とイスラーム

一般財団法人 日本エネルギー経済研究所理事
中東研究センターセンター長 保坂修司

2023年1月、アラブ首長国連邦（UAE）の宇宙飛行士、スルターン・ネヤーディーは宇宙へ出発する前の記者会見で、断食について質問された。ネヤーディーはもちろんムスリム（イスラーム教徒）であり、ちょうど彼の宇宙滞在とラマダーン月が重なることを受けての質問である。イスラーム暦（ヒジュラ暦）第九月であるラマダーン月には、ムスリムは日の出から日の入りまで一切の飲食を断たねばならない。しかし、彼が滞在する国際宇宙ステーション（ISS）は地球を90分ごとに周回し、毎日、日の出と日の入りを16回ずつ拝むことになる。こうした状況の中で、敬虔なムスリムの宇宙飛行士はどうやって宗教義務を果たすのだろうか。

ネヤーディーはこの質問に「私は定義上、旅行者なので、断食はしなくてもいい」

と答えた。ラマダーンの断食はムスリムの義務だが、じつは旅行者、妊産婦、病人、高齢者、乳幼児などは断食を免除されるという規定があるのだ。

宇宙に行った最初のムスリムは、サウジアラビア人のスルターン・ビン・サルマーンとされる。同国のサルマーン現国王の長男であり、ムハンマド皇太子の異母兄でもあり、いまはサウジアラビア宇宙庁長官を務める。彼の搭乗したスペースシャトルが打ち上げられた1985年6月17日はイスラーム暦一四〇五年ラマダーン月の末にかかっていた。出発前に当時のサウジアラビアの最高宗教権威、ビン・バーズ最高ウラマー会議議長は、宇宙旅行中、断食が免除されるとの見解を示していたが、王子は断食だけでなく、礼拝の義務も果たしたとされる。ただ、王子は、無重力下で、平伏叩頭できず、さらにマッカ（メッカ）の方角に向くことも困難だったと述懐している（ムスリムは1日5回、マッカのカァバ神殿の方角に向かって平伏叩頭の礼拝をするのが義務）。

余談だが、ビン・バーズは、地動説を否定していたことでも知られている。スルターン王子は、地球帰還後、ビン・バーズと会見し、地動説の正しさを説得したそうである。

　また、マレーシアのシェイク・ムザッファル・シュクールは２００７年、ＩＳＳに長期滞在した。この時も、マレーシア宗教界が断食などに関して見解を出している。まず、断食については、地球帰還後に延期していいとした。また、無重力下の礼拝は、正式のやりかたでできなくても、マッカの方角が多少ずれてもやむを得ないとした。さらに、礼拝時間については、打ち上げの場所の時間帯に従うとした。ただし、これが全イスラーム世界の公式見解かどうかは不明である。実際、国際宇宙ステーションでは国際標準時（ＧＭＴ）が使用されている。ＵＡＥの宇宙飛行士ネヤーディーも断食を守っていたようであるが、となると、ＧＭＴに従っていたのだろう。

1　２０５３年を目標年としたのは、同年がトルコにとって、その前身のオスマン帝国によるコンスタンティノープル（現イスタンブール）征服から６００年にあたる節目の年のため。
2　ESCWA, Arab Climate Change Assessment Report: Executive Summary（2017）
3　２に同じ。

第6章

3つの潜在性と2つの課題

公益財団法人 国際通貨研究所
客員研究員
九門康之

イスラーム金融はイスラーム諸国を中心に発展してきましたが、その基本概念は一つのビジネスモデルとして、イスラーム諸国以外でも発展の潜在性を有していると言われます。この章では、イスラーム金融の潜在性について述べたあと、今後、直面すると思われる課題について触れます。

イスラーム金融の潜在性

国際通貨基金（ＩＭＦ）は「近年、イスラーム金融は急速に拡大し、広い地域で多くの国の金融システムにおいて重要な地位を占めるに至った」[1]とした上で、次のような潜在性を挙げています。

(1)安定した金融手法としての潜在性

第１章で述べたように、イスラーム銀行の不良債権比率は欧米方式の銀行に比べて低いと報告されており、金融機関としてのリスクマネージメントの質が高いとの評価がなされています。

ＩＭＦは、その背景として、①イスラーム金融は投機取引を禁じていること、②イスラーム金融は「物」の動きを前提としており、対象となる「物」によりリスクが担保されていること、③強い倫理規範に基づいていること、を挙げています。以下、順を追って考えていきます。

第1の、「投機取引の禁止」について。投機や投機的な取引とは、見込みに基づいて利益を得るためにリスクが高いことを承知で行なう取引や、実際の需要がないにもかかわらず、値上がりや値下がりを見込んで行なう取引を指します。これは、株、債券など金融取引、商品先物取引や不動産取引などで見られます。

取引自体は取引を行なう国の規則の範囲で行なわれ、違法性はありません。しかし、短期間に大量の売りまたは買い注文が出され、あるいは土地の買い占めが行なわれることにより、一般の経済活動に影響を与える可能性があります。

また、外国為替市場など通貨の取引で投機的取引が拡大すると、市場の安定が損なわれます。１９９７年にタイを震源としてアジア各国に伝播した「アジア通貨危機」は、投機筋がタイの通貨バーツの対ドル相場下落を見越して、大量に売却したことが原因の一つであると言われています。

イスラーム金融は、このような投機取引を禁じているため、投機の当事者になったり、投機筋に資金など金融機会を提供することはありません。この点、イスラーム金融は投機から距離を置いているため、消極的にではありますが、経済の安定に寄与していると言えます。

ただし、これに対して次のような批判を受ける可能性があります。「投機を禁じる」という点は、不確かな取引を回避するという姿勢ですが、どこまでを「投機」すなわち「不確か」と判断するかは、状況や取引の主体によって異なる可能性があります。極端に慎重な判断では、少しでも不確かな要素があれば取引をしないという結果になり、取引の幅を狭めてしまいます。これは、「リスクを取る」ことが「利益につながる」という一般認識を否定することにつながってしまいます。また、「強い倫理規範」といっても、そもそもイスラームの倫理規範であり、資本主義社会の倫理とは異なる、といった反論も予想されます。

「投機」の基準や「倫理規範」は、立場により異なるものですから、一概にこうであるとは言えません。イスラームの倫理規範はイスラームのもの、と言ってしまえばそれまでですが、範囲を限定して考える姿勢が、イスラーム金融の安定した金融手法の潜在性につながっているという点は注目に値すると思います。

第2の「物の動きを前提としている」点について。これは、第1章で説明した「商取引原則」を指しています。ここでは、さらに金融取引が背景としている「物」によってリスクが担保されていると指摘しています。

これは、イスラーム銀行が商取引の当事者として商品を保有することになる点と関連しています。例えば商品の売買であれば、商品を売り手から買い手に引き渡す際、イスラーム銀行が手続き上、いったん商品の所有者となるため、その商品を融資の担保にすることができるという意味です。仮に、融資が返済されない場合、イスラーム銀行はその商品を売却して資産を回収します。イスラーム銀行は、あらかじめ商取引の当事者となることで商品に対する所有権を留保する形で債権の保全を行なっているのです。

欧米や日本の銀行も、融資に際して、借入人に担保の提出を求める場合があります。例えば、住宅購入資金を銀行から借り入れる場合、銀行は購入対象である住宅に担保権を設定して、万が一、融資したお金が返済されない場合の債権保全を行ないます。銀行が融資に際して、借入人から担保の提出を受けることは、イスラーム金融特有のものではなく、銀行が融資を行なう際の通常の取引プロセスです。

さらには、イスラーム金融が具体的な商取引を必須条件としているということは、イスラーム金融は実需に基づく金融を行なっていると言え、実態のない取引に融資しないという姿勢は、より健全な銀行取引を目指していると言えます。

(2)「金融包摂」の手段としての潜在性

イスラーム金融は金融包摂を推進する手段として潜在性があるという見方です。金融包摂とは、個人や企業が必要に応じて有益で手頃な金融商品やサービスを利用できる状態にあることで、取引としては金銭の支払い、貯蓄、信用の利用、保険などが含まれます。[2] 金融包摂が進んで、金融機関を利用できる機会が増加することで、家族や企業が長期的な目標や非常事態にも備えることができると言われます。

金融包摂の最初のステップは、銀行に口座を保有することです。イスラーム金融は、東南アジア、アフリカなどイスラーム教徒が増加している地域で有効です。イスラーム金融は、イスラーム教徒が忌み嫌う金利の概念や、イスラーム教で禁じている取引や商品を排除しており、イスラーム教徒が安心して利用できるのです。[3]

東南アジアのASEAN諸国は、国内経済の安定と発展を実現するために、金融包摂を進めています。銀行に銀行口座を保有している人の比率は国により濃淡があり、シンガポールやタイではそれぞれ97・9%、81・6%であるのに対し、イスラーム教徒人口が多数を占めるインドネシアは48・9%、国内にイスラーム教徒を抱えるフィリピンやミャンマーはそれぞれ34・5%、26・0%と進展が遅れています。[4]

インドネシアは「金融包摂に向けた国家戦略に関する2016年大統領令第84号」、フィリピンでは2015年に中央銀行が発表した「金融包摂のための国家戦略」に基づき、金融包摂を推進しています。ASEAN各国における金融包摂の進展は、各国内での資金決済の円滑化につながり、さらに国境をまたいだクロスボーダー決済での連携に広がっていきます。

現在、支払・決済システムに関する作業委員会が、ASEAN域内の決済システムの統合を推進しています。ＡＳＥＡＮでは海外で働く労働者の郷里送金が活発で、クロスボーダーでの送金ニーズがあります。決済システムの統合が進めば、いずれ日本との間でもシステム接続が議論されることになります。その時、ＡＳＥＡＮ側にイスラーム銀行が含まれていることを想定すると、日本の銀行や企業がイスラーム銀行と直接取引を行なう日が来るでしょう。

その時への準備として、イスラーム金融を理解しておくことが必要です。このように、アジアでのイスラーム金融の拡大は、日本にも影響を及ぼすことになるのです。

(3)社会貢献モデルとしての潜在性

イスラーム金融がどのような形で社会貢献につながっているのかを考えてみましょう。まず、イスラーム金融が対象としている範囲について考え、次に資金の流れを見ます。その上で、イスラーム金融と社会貢献について考えます。

イスラーム金融への見方は、イスラーム金融の対象としている範囲を「イスラーム教徒もしくはイスラーム社会」のみに限定するか、「イスラームに限定せずに広く一般社会」

とするかによって、変わってきます。前者の場合、イスラーム金融の目的は、イスラーム教の規範の及ぶ範囲における経済活動の維持発展となります。別の言い方をすれば、経済活動がイスラームの規範からはずれない（はずさない）ことによりイスラームとしての社会を維持していけばよいという限定的な見方になります。これは排他的な、非イスラーム教徒を寄せ付けない行動に見えます。

ところが、実際は大きく違います。イスラーム金融の利用者はイスラーム教徒に限定されておらず、宗教を問わず誰でも利用することができます。すでに、イスラーム教とは関連なく日系金融機関や、日系企業、欧米資本がイスラーム金融を利用しています。イスラーム金融を利用するためには、その金融取引において、イスラームが定める規範に従うことが唯一の条件となります。イスラーム金融はその対象範囲を「イスラーム社会に限定せずに広く一般社会」としており、金融システムとして1つのモデルを提供していると考えることができます。

イスラーム金融の範囲をさらに広げると、取引として表面に見える資金の流れと、社会システムの一部として伏流水のように背後に流れる2つの資金の流れがあることがわかります。イスラーム金融については、商取引、資金借り入れやプロジェクト融資といった案件に関連した金融取引が語られることが多いのですが、背後に流れる資金がイスラーム経済全般を支えているのです。「ザカート」「サダカ」および「ワクフ」が含まれます。ザカートは、イスラーム法で定めた義務としての喜捨で、現代では、政府に対する税金に相当します。イスラーム教徒個人もしくは法人から政府への資金の流れです。

例えば、サウジアラビアは、ザカートを歳入項目の「その他税」に含めて計上しています。ザカートの取り扱いは国により異なる場合がありますが、政府の活動を支える資金源の一つであることに変わりありません。

サダカは個人による自発的な寄付です。支払う相手は財団であったりモスクであったりします。こちらは、イスラーム教徒個人から、団体を通して社会に資金が流れます。社会を側面から支えていることに違いはないのですが、自発的であるため資金の流れとして特定の枠組みがあるわけではありません。日本で一般にいわれる「寄付」がこれに当たります。

ワクフは財産の寄付全般を指します。ワクフの資金源はイスラーム教徒個人で、資金はモスクや学校の建設運営などワクフの活動を通して社会に直接還元されます。ワクフは一種の社会貢献のための資金還流装置のような働きをします。

イスラーム金融は社会貢献に資する金融手法であるとの見方があります。「資金の流れ」で説明したワクフを例にして考えてみます。

ワクフとは「なんらかの収益を生む私財の所有者が、そこから得られる収益をある特定の慈善目的（モスクや学校の運営など）に永久に充てるため、私財の所有権を放棄するイスラーム法上の行為」[5]との定義を第1章のコラムでも説明しました。京都大学大学院長岡教授（第3章の執筆者）は次のように説明しています（以下、長岡慎介著『イスラーム信頼学へのいざない』東京大学出版会刊の第4章から引用）。

「ワクフについて、私たちの身近に似た仕組みがあります。それは、信託の仕組みです。信託は自分の財産を信頼できる人に託して、自分が決めた目的のためにその財産を使ってもらう仕組みで、社会貢献活動でもこの仕組みは広く使われています」

このように、ワクフに似た仕組みは、現代の一般的な経済活動においてすでに活用されているのです。さらに、長岡教授は「信託は英語でトラストと言い、イギリスに端を発する仕組みですが、最初期の信託としてしられるオックスフォード大学のマートンカレッジは、ワクフの仕組みを参考にして作られたとも言われています」と述べています。ここでは、信託された財産から生まれる資金の流れは、大学という活動を通じて、大学で活動する研究者や学生に還元され、その活動の成果は研究者や学生を通じて広く社会への貢献につながっています。

ここで登場する「信託（トラスト）」方式は、英国で慈善団体運営の仕組みとして発展しました。17世紀、トラスト方式で設立された慈善信託（チャリティー）は1万以上を数え、オックスフォードやケンブリッジなどのカレッジ（大学）やグラマースクールも同じ方式で設立運営されていました。[6]

英国のチャリティの起源の一つは「遺言者がその遺産を元に設定した基金を用い、受託者（教会や自治体）が管理運営される組織」にあったとされており、イスラームのワクフと同じであることがわかります。ワクフと慈善団体の起源は同じであるとも言えるわけです。つまり、ワクフはイスラームに限定されたものではなく、慈善事業のための金融の仕組みの一つで、ワクフを通じた社会貢献が可能であることを示しています。

ワクフが社会貢献に資するという観点を捉えて、地域開発投資に活用しようという試みが、シンガポールでなされています。

シンガポールは人口の約15%がイスラーム教徒であることから、イスラーム金融が受け入れられやすい素地があります。シンガポールのデベロッパーや投資会社の中には、ワクフの仕組みを説明し、ワクフへの参加を呼びかけているものがあります。開発の対象としている物件は、モスク、ショッピングセンターや共同住宅などです。資金は、ワクフ資産の一部として資金提供者が亡くなられた後も、永続的に活用されることになります。ワクフという社会への資金還流の枠組みがあるからこそできる試みと言えるでしょう。

イスラーム金融が直面する課題

着実に拡大を続けるイスラーム金融ですが、将来を展望すると課題も抱えています。ここでは、その中から、いくつかを紹介したいと思います。

(1)イスラーム金融の顧客開拓

まず、現状ではイスラーム金融を提供する側から潜在的な利用者へのアプローチが限定的であるという点です。日系金融機関を含め、非イスラーム金融機関がイスラーム金融に潜在性を認めて利用もしくは参入しているのに対し、イスラーム金融機関はイスラーム教徒を顧客の中心と認識しており、非イスラーム教徒である潜在顧客へのアプローチが弱いように思われます。

これは、イスラーム金融機関がイスラームの価値観のアピールを念頭に置いているためかもしれません。イスラーム金融にはこれまで述べてきたような潜在性があるわけですから、その点をイスラームの外の世界にもアピールしていけば、活動の範囲がさらに広がると思われます。

また、イスラーム金融機関の足元でも課題が存在しており、顧客と認識しているイスラーム教徒の中にイスラーム金融機関に批判的な意見も見られるという報告があります。

世界的な会計監査・コンサルティングのグループである「プライス・ウォーターハウス・クーパース(ＰｗＣ)」が実施した、イスラーム金融に関するアンケート調査によれば、「既存顧客の約半数は、イスラーム銀行が完全にはイスラーム法を順守していないのではないかと懸念している」との結果が出ています。ＰｗＣは、イスラーム金融機関は既存顧客への説明不足により大きな取引機会を逃している、と指摘しています。[7]ＰｗＣは、イスラーム金融機関の顧客の拡大には顧客の信頼を獲得していくことが重要で、「イスラーム」という看板を掲げているだけでは不十分だ、と述べているのです。

(2)イスラーム金融市場の規模

次は、イスラーム金融商品を扱う金融市場が小さいという点です。金融市場は大きく２つに分けられます。ドル、ユーロや円といった国際的な通貨建てで取引をする「国際金融市場」と、サウジアラビア・リヤルなどその国固有の通貨建てで取引をする「地場金融市場」です。

イスラーム金融であっても、通貨を選択することで理論上どの金融市場でも取引をすることが可能です。しかしながら、ロンドン、ニューヨークや東京という国際金融市場には、イスラーム金融を取り扱うインフラが整っておらず、イスラーム金融機関がそれらの市場に参入することが難しいという問題があります。

その結果、イスラーム金融機関はそれぞれの国にある地場金融市場での取引をすることになりますが、市場の規模が小さく大きな資金調達や運用ができないという壁に直面します。また、イスラーム金融が盛んな中東湾岸諸国の通貨はドルに対して固定されていることから、当局が独自の金融政策を実施する場として地場金融市場が育たず、市場の規模が小さくなってしまうのです。

さらにいま、金融デジタル化への対応が課題となっています。デジタル化は金融包摂の推進に欠かせません。しかし、イスラーム金融がデジタル化を実施していくためには、次のような課題があると言われます。

少し長くなりますが、白鴎大学非常勤講師である金子寿太郎氏（第4章の執筆者）は、次のように述べています（以下、金子寿太郎著『イスラーム金融のデジタル対応』[8]から引用）。

「イスラーム金融においても、デジタル化の機会や恩恵は大きい。その反面、イスラーム金融のデジタル化を持続的に進展させることは容易ではない。マネーロンダリングへの対策と個人情報の保護のバランス、アルゴリズムの説明可能性、サイバーセキュリティと利便性のバランスなどの確保、外注依存に伴うベンダーロックインの回避といったコンベンショナルな（通常の）金融と共通するものに加えて、次のようなイスラーム金融に固有もしくは顕著な課題が考えられるからである。

第一に、関係するリテラシーの向上である。ＯＥＣＤのデータによると、イスラーム教徒が多数を占める国（イスラーム教国）の一部では、市民の金融リテラシーが十分とは言い難い。これには、経済的な理由に加えて、学校教育を含む社会的な理由、金利（リバー）の忌避といった宗教的な理由、過疎地が多いなどの地理的な理由が関係していると考えられる。ＤＸを金融包摂へと繋げる試みが世界的に注目される中、イスラーム金融においても、人々が最新技術を活用できるようにすることが重要なテーマになっていくであろう。規制・監督当局や金融機関についても、金融・デジタル分野における職員の能力構築・向上も求められる。これを実現するためには、金融リテラシーのみならず、ＩＴリテラシーの向上も不可欠である。これらのリテラシーが不十分なまま金融のデジタル化が進めば、消費者やリテール投資家が詐欺等の犯罪にあうリスクを高めるほか、デジタルディバイドのような社会の分断にも繋がりかねない。教育を通じて、消費者等を保護するとともに、金融サービスにおけるＤＸから誰も取り残されないようにすることは、国連ＳＤＧｓ（第一および第四の目標）とも整合的である。

第二に、イスラームの教義との関係の整理である。イスラーム法（シャリーア）は、公正や公平の実現等と並んで、包摂的な社会の実現を根源的な目的（マカーシド）にしているため、その手段としてのＤＸ自体を否定するものではないと推測される。とはいえ、分散型金融（ＤｅＦｉ）、個別のフィンテック商品等に関するシャリーア上の位置付けはまだ明確ではない。取引の安定性を担保するには、ルールの透明性や監督方針の予見可能性が欠かせない。シャリーア上の整理を確立することはイスラームに金融におけるフィンテックの発展にとって急務である。」

イスラーム金融には活用の潜在性がある一方で、飛躍していくためには、越えなければならないハードルがいくつも存在します。それらは、イスラームの外の世界とのコミュニケーションや情報発信など、イスラーム金融が行動を起こさなければならないという内的な要因によるものと、金融デジタル化をはじめとする外部環境の急速な変化への対応という外的な要因の両面が存在します。

今後、イスラーム金融がこれらの課題をどう乗り越えていくのかが今後の発展を左右すると思われます。

イスラーム金融は日本に上陸するか?

本書では、「イスラーム金融を知る」というテーマに焦点をあてて書き進んできました。イスラーム金融の潜在性について述べた本章の最後に、将来、イスラーム金融が日本にやってくるのか、という点について可能性の有無という観点から考えてみたいと思います。

ちなみに、現在、日本国内でイスラーム金融を取り扱っている金融機関はありません（2023年10月現在）。

(1)可能性があると考える理由

イスラーム金融には投機による大きな利益よりも、手間がかかっても安定した取引を優先する傾向があります。また、ワクフのように、遺贈された資産から生み出される収益を再配分することで社会に貢献しようという姿勢も見られます。このような特徴を持つイスラーム金融は、持続可能な金融手法として検討する価値があるのではないかと思うのです。持続可能な金融手法としてイスラーム金融が認知されれば、日本に進出してくる可能性があります。

(2)可能性がないと考える理由

他方、イスラーム金融はその根本にイスラーム教があるため、宗教色のある金融として抵抗を覚える人が多いと思います。日本にはあらゆる宗教が入って自由な活動をしています。しかし、金融は中立を重視し、特定の宗教に傾斜するということはありません。そのため、イスラーム金融が日本に上陸して活動することは難しいかもしれません。

(3)イスラーム金融で始まる新ビジネス

イスラーム金融が日本に上陸する可能性を考えてみましたが、仮にイスラームという名前をはずしてその仕組みだけを金融スキームとして紹介したらどうでしょう。

イスラーム由来ではあるがイスラームではない。「融資対象商品に制限を加えない」、「ただし、投機を回避し担保は必ずいただく」、これであれば、可能性があるかもしれません。

ワクフについては、遺贈した資産を遺贈者の名前を付けた信託資産とすることができます。日本でも遺産を寄付として非営利団体に遺贈することはできますが、遺贈した人の名前を冠する資産とすることはまれです。ここで遺贈された資産で地域のコミュニティー・センターを建設したとします。ワクフにならって、センターは信託収益で将来にわたり、期限を切らずに運営することを前提とします。しかも、遺贈者の名前をその資産に残します。例えば、遺贈者の名前が「東京太郎」さんであれば「東京太郎センター」という形です。自分の名前が将来にわたり残り、かつ人々の活動に貢献できることは、その人にとって魅力ではないでしょうか。

このように、イスラーム金融が将来のイノベーションの種として、新しい芽を生むかもしれません。読者の皆さんの創造力に期待したいと思います。

コラム8

中東産油国の通貨

「地場金融市場が育たない」ということと関連する事項です。代表的な中東産油国はそれぞれ、サウジアラビアの「サウジアラビア・リヤル」、アラブ首長国連邦の「UAEディルハム」、カタールの「カタール・リヤル」など独自の通貨を発行しています。

これらの国では、為替相場を安定させるため、自国通貨のドルに対する為替相場を固定する「固定相場制」を採用しており、日本円のように相場が取引により変化する「変動相場制」と区別されます。主要輸出品である石油が、ドル建てであることが大きな理由です。

固定相場制を実施することを「通貨をペッグする（杭でとめる）」と言います。これらの国では、自国通貨の金利をペッグしている相手国の金融政策（金利操作など）に追随し、独自の政策を実施しません。両者の金利に大きな差が発生すると、金利の低い通貨の国から金利の高い通貨の国に資金が流れ出てしまい、為替相場の固定が維持できなくなるためです。

例えば、サウジアラビアは米国のドル金利が上昇すると、サウジアラビア・リヤルの金利をドル金利に追随させて上昇させます。このように、独自の金融政策を行なわないため自国通貨市場を保有する必要性が低くなります。金融市場を利用する金融機関も、自国通貨の対ドル相場が固定されているため為替変動リスクがなく、金融市場でリスクヘッジを行なう必要がないのです。その結果、自国通貨市場すなわち地場金融市場が育たないという結果を生みます。

石油代金の決済通貨変更（ドルから人民元など他の通貨への変更）が話題になることがありますが、通貨がドルにペッグされているということを知っていれば、通貨の変更が産油国の経済に与える影響を理解することができます。自国通貨をドルにペッグしている産油国が石油輸出代金の一部をドル以外の通貨で受け取った場合、その通貨を外国為替市場でドルに交換せざるをえないため、ドル以外の通貨で受け取った部分が実質的な「変動相場」となります。

「固定相場制」を採用しているため自国通貨の金利操作を行なっていませんので、為替相場の変動による国内経済への影響を金利を使って調整することができません。すなわち、中東産油国が石油輸出代金の通貨を変更するということは、通貨制度の変更（「固定相場制」からの離脱）を意味することになります。そのため、簡単にはその他の通貨で受け取ることはできないのです。

1 Alfred Kammer, Mohamed Norat他（2015）, "Islamic Finance: Opportunities, Challenges, and Policy Options", International Monetary Fund

2 世界銀行の定義による。金融包摂は、国連が定めたＳＤＧｓ（持続可能な開発目標）の一つに挙がっている。

3 豚肉やアルコールが関連する取引や商品。

4 福地亜希『ＡＳＥＡＮにおける金融包摂・金融統合に向けた動き』（２０２１年、国際通貨研究所刊）による。

5　林佳世子『オスマン帝国の時代』（１９９７年、山川出版刊）による。

6　金澤周作『チャリティとイギリス近代』（２００８年、京都大学学術出版会刊）による。

7　PwC (2014) , "What customers want, Customer insights to inform growth strategies of Islamic banks in the Middle East"

8　http://www.world-economic-review.jp/impact/plus/impact_plus_025.pdf

おわりに

本書冒頭の「はじめに」にもあるように、われわれ日本人にとって歴史的に「イスラーム」の世界との付き合いがかなり希薄であったという現実があります。そのため、ともすると国際テロ事件や紛争、あるいは極端な女性蔑視といった、非日常的でショッキングなニュースばかりがメディアを通じて流されてくるきらいがあるのではないでしょうか。

実際に中東やアジアのイスラームの国に身を置いて、ビジネスを行ない、日常生活を体験した者からすると、イスラームの人々の暮らしや信条などのリアルな姿が日本に伝えられていないな、という思いが強くあります。

本書は「イスラーム金融」という窓口を通して、イスラームのありのままを少しでも理解していただけたら、との思いから出版を企画しました。これも冒頭で触れましたが、「イスラーム研究会」を中心に異なる分野のプロフェッショナルの方々に執筆を依頼したため、各章の文体や論述の手順にはやや不統一な点もありますが、これも本書のバリエーションとしてお読みいただければ幸いです。

世の中では、異なった考え方の尊重が重視されています。また、日本の金融機関は、それぞれが個性を出そうと努力しています。イスラーム金融はユニークな特徴を有しています。本書を手にされた方が、イスラーム金融を機にイノベーションを起こされることを祈念しつつ。

執筆いただいた皆様は2021年に公益財団法人国際通貨研究所が事務局となって行なった「イスラーム金融研究会」に参加されていた先生方が中心で、その後、実務家や研究者の方にご参加いただきました。執筆いただいた皆様に感謝申し上げます。また、原稿の通読や修正など根気よくお付き合いくださいました編集者の坂本隆様、本書を世に送り出してくださった小学館新書・書籍編集室の皆さまに感謝申し上げます。

公益財団法人国際通貨研究所
イスラーム金融研究会事務局

九門康之［くもん・やすゆき］

公益財団法人 国際通貨研究所客員研究員。中東担当。1982年東京銀行（現三菱ＵＦＪ銀行）入行。中東地域全般の営業企画、拠点運営を担当。カイロ駐在員事務所長、中東北アフリカ・アドバイザー（ドバイ駐在）などを歴任。国際通貨研究所主任研究員を経て2023年より現職。大阪外国語大学（アラビア語学科）卒。ロンドン大学ベイズ・ビジネススクールＭＢＡ。

小川善弘［おがわ・よしひろ］

三菱ＵＦＪ銀行デジタルサービス企画部ＤＸ室調査役。2010年東京大学教養学部卒（文化人類学）。同年三菱東京ＵＦＪ銀行（現三菱ＵＦＪ銀行）入行、マレーシアのイスラーム銀行（CIMB Islamic）出向、ＭＵＦＧバンク（マレーシア）イスラーム金融課を経て、2022年より現職。国立マレーシア・イスラーム金融学院（ＩＢＦＩＭ）にてイスラーム金融業務資格 Certified Qualification of Islamic Finance（ＣＱＩＦ）取得。

長岡慎介［ながおか・しんすけ］

京都大学大学院アジア・アフリカ地域研究研究科教授。2002年に東京大学農学部を卒業後、2004年東京大学大学院で修士（経済学）、2009年には京都大学大学院アジア・アフリカ地域研究研究科で博士号を取得。同大学院准教授、イスラーム開発銀行附属研究所客員研究員、英国ダラム大学客員研究員などを歴任した後、2019年より現職。専門はイスラーム経済論、比較経済史・経済思想、ポスト資本主義論。著書に『現代イスラーム金融論』（名古屋大学出版会刊、2011年）、『お金ってなんだろう？　あなたと考えたいこれからの経済』（平凡社刊、2017年）など。

金子寿太郎［かねこ・じゅたろう］

白鴎大学法学部非常勤講師（兼職）。1997年より公的金融機関に勤務中。この間、金融庁海外展開推進調整官、同国際証券市場決済調整官、公益財団法人・国際金融情報センター中東アフリカ部首席研究員、同ブラッセル事務所長等を出向で、一般財団法人・国際貿易投資研究所客員研究員を兼職で、それぞれ歴任。欧州、中東およびアジアの金融システムなどに関する著作多数。近著に『EU　ルールメイカーとしての復権』（日本経済新聞出版刊）。早稲田大学法学士、独ケルン大学法学修士、早稲田大学学術博士（国際関係学専攻）。

近藤重人［こんどう・しげと］

一般財団法人 日本エネルギー経済研究所中東研究センター主任研究員。慶應義塾大学大学院法学研究科後期博士課程修了、博士（法学）。サウジアラビアを中心とした中東諸国の政治、経済、エネルギー動向をフォロー。２０２２年に半年間サウジアラビアのアブダッラー国王石油調査研究センターに出向、日・サウジ間の気候変動分野の協力について研究を行なった。

保坂修司［ほさか・しゅうじ］

一般財団法人 日本エネルギー経済研究所理事・中東研究センターセンター長。湾岸地域を中心とする現代アラブ諸国の政治・経済をフォロー。ジハード主義の思想や運動、中東メディア論、ゲームやマンガ等のポップカルチャーなども研究。在クウェート日本大使館、在サウジアラビア日本大使館勤務、日本学術振興会カイロ研究連絡センター長などを歴任。２０２１年より日本中東学会会長。慶應義塾大学修士（東洋史）。

イスラーム金融とは何か

二〇二四年 二月六日 初版第一刷発行

編者 公益財団法人 国際通貨研究所
発行人 三井直也
発行所 株式会社小学館
〒一〇一-八〇〇一 東京都千代田区一ツ橋二ノ三ノ一
電話 編集：〇三-三二三〇-五九五一
販売：〇三-五二八一-三五五五

印刷・製本 中央精版印刷株式会社

Printed in Japan ISBN978-4-09-825466-8

編集協力：坂本 隆
校正：麦秋アートセンター
本文DTP：ためのり企画
編集：判治直人（小学館）